SOCIÉTÉ DES ARTISTES INDÉPENDANTS

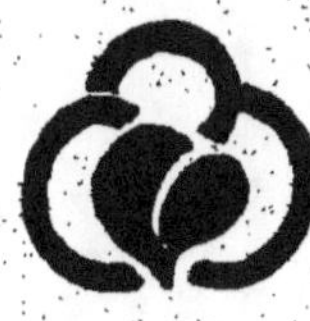

CATALOGUE
DE LA
29ᵐᵉ EXPOSITION

1913

1913

29ᵉ EXPOSITION

Quai d'Orsay

Pont de l'Alma

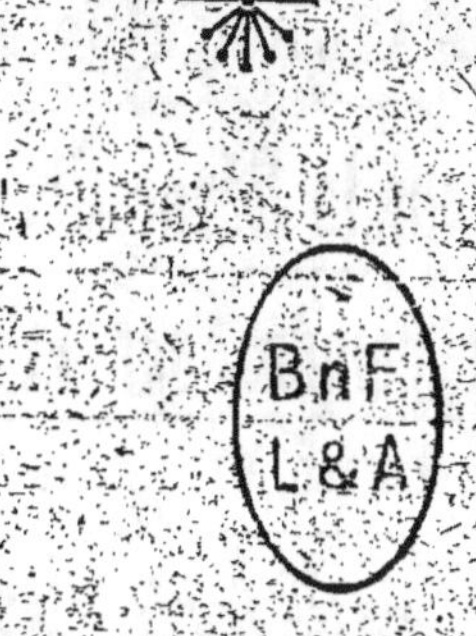

Du 19 Mars au 18 Mai inclus

De 9 heures à 6 heures

MM. BERNHEIM-JEUNE et Cie

Experts près la Cour d'Appel

EXPOSITIONS

15, Rue Richepance, 15

→ 1913 ←

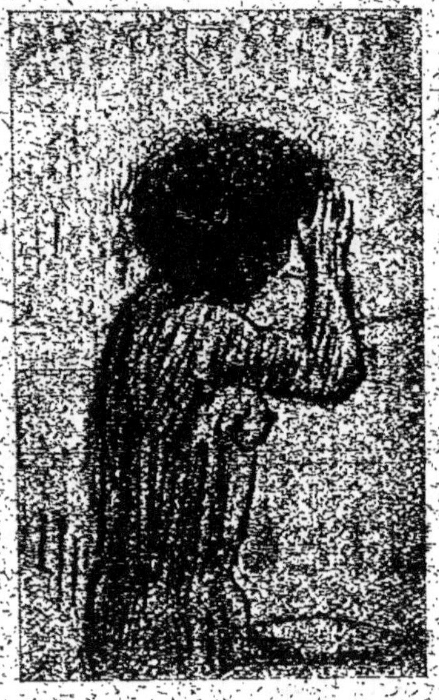

Jusqu'au 29 Mars :
RENOIR.

Du 31 Mars au 12 Avril :
Camillo **INNOCENTI.**

Du 14 au 26 Avril :
V. DE TERLIKOWSKI.

Du 28 Avril au 10 Mai :
Phelan **GIBB.**

Du 13 au 24 Mai :
VUILLARD.

Du 26 Mai au 7 Juin : **BONNARD.**

Du 9 au 21 Juin : **SIGNAC.**

MAGASINS A PARIS :

25, Boulevard de la Madeleine;
15, Rue Richepance;
36, Avenue de l'Opéra.

La Société des
" Artistes Indépendants "
basée sur la suppression des Jurys
d'admission, a pour but de permettre aux
Artistes de présenter librement
leurs œuvres au jugement
du Public.

FABRIQUE

DE

Couleurs extra-fines

ET DE

Toiles à Tableaux

LUCIEN LEFEBVRE-FOINET

19, Rue Vavin

et Rue Bréa, 2

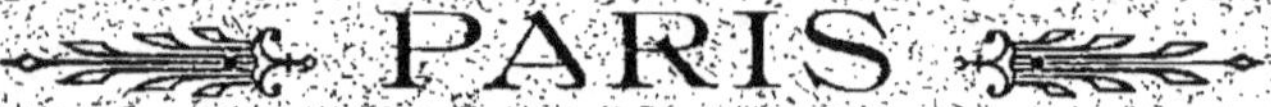

PARIS

Téléphone 730-68

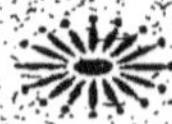

Fabrique et Ateliers à MONTROUGE

MEMBRES D'HONNEUR

DUJARDIN-BEAUMETZ, sénateur, ancien Sous-Secrétaire d'Etat aux Beaux-Arts.

Albert SARRAUT, député, gouverneur de l'Indo-Chine, ancien Sous-Secrétaire d'Etat.

GIGUET, ancien sénateur.

DENYS COCHIN, député.

SEMBAT, député.

DUFOUR, député.

ESCUDIER (Paul), député.

Olivier SAINSÈRE, Conseiller d'Etat.

BONNIER, directeur des services d'architecture de la Ville de Paris.

MITHOUARD, POIRY, CHÉRIOUX, conseillers municipaux.

TUROT, ancien conseiller municipal de Paris.

A. MELLERIO, ancien délégué de la Société à la Presse.

Roger MARX, inspecteur des Beaux-Arts.

Membres-Fondateurs

DUBOIS-PILLET, décédé le 17 août 1890.

Ed. VALTON, ancien Président et Président honoraire, décédé le 27 août 1910.

COMITÉ

Président :

SIGNAC, 14, rue la Fontaine (16e).

Vice-Présidents :

PAVIOT, 63, rue Caulaincourt (18e).

LUCE, 102, rue Boileau (16e).

Secrétaire :

A. SÉGUIN, 10, rue Auguste-Buisson, La Garenne-Colombes (Seine).

Secrétaire adjoint :

Paul DELTOMBE, 49, rue Beaunier (14e).

Trésorier :

PÉRINET, 7, rue de Cîteaux (12e).

Membres :

BARAT LEVRAUX, 2, rue Aumont-Thiéville (17e).

GHALLIÉ, 15, rue Hégésippe-Moreau (18e).

CHENARD-HUCHÉ, 61, rue Caulaincourt (18e).

DORIGNAC, 2, passage de Dantzig (15e).

DUNOYER DE SEGONZAC, 60, rue de Rennes (6e).

DUPONT, 2, pass. de Dantzig (15e).

JANSSAUD, 15, impasse du Mont-Tonnerre, 127, rue de Vaugirard (15e).

KLINGSOR, 83, rue d'Alésia (14e).

MARQUE (Albert), 116, rue de Vaugirard (6e).

PLUMET, 34, rue des Apennins (17e).

POULAIN, 35, rue Linné (5e).

REYMOND (Carlos), 5, avenue Bosquet (7e).

ROUSTAN, 24, rue Mayet (6e).

TURIN, avenue du 14-Juillet, à Aulnay-sous-Bois (S. et O.).

Conseil Judiciaire

Me Gustave FORTIER, avocat à la Cour d'Appel, 22, r. Gay-Lussac (5e).

Me Eugène CAHON, avoué de 1re instance, 25, rue Gay-Lussac (5e).

Agent comptable

A. ROUTIER, 18, rue Guilmant, Meudon (Seine-et-Oise).

Siège social

18, RUE MAZARINE, 18 (6e)

COMMISSION DE PLACEMENT

Président : Aly.
Secrétaire : Luc-Albert Moreau.

PEINTRES

Aly.
Barat-Levraux.
Bauche.
Bénoni-Auran.
Challié.
Chénard-Huché.
Deltombe.
Déziré.
Dorignac.
Dunoyer de Segonzac.
Victor Dupont.
Gilbert-Bellan.
Giran-Max.
Gleizes.
Hourtal.
Janssaud.
Klingsor.
Lacoste.
Ladureau.
Laforèt.

Luce.
Metzinger.
Luc-Albert Moreau.
Ottmann.
Paviot.
Périnet.
Person.
Petitjean.
Plumet.
Poulain.
Carlos Reymond.
Ribemont-Dessaignes.
Roustan.
Schreiber.
Séguin.
Signac.
Turin.
Urbain.
L. Vallée.

SUPPLÉANTS

Altmann.
Arnavielle.
Bach.
René-Bertaux.
Boudot-Lamotte.

Girieud.
Mlle Hervieu.
Jacquemot.
Lebail.
Louis Mestrallet.

SCULPTEURS

Agero.
Archipenko.
Baudot.
Bourgoin.
Bucher.
Centore.

Halou.
Loysel.
Marque.
Millou.
Tobeen.

DÉSIGNATION [1]

AACKSEBO (Serge), né à Paris. — 74, avenue
Marceau, 16°.

   1   Printemps.
*2   Portrait.
   3   Étude.

ABRAMOVITZ (Albert), né à Riga (Russie) —
12, rue de l'Ancienne-Comédie, 6°.

   4   Panneau décoratif.
   5   Paysage.
   6   Paysage.

---

[1] **L'astérisque placé à côté des numéros indique les œuvres qui ne sont pas à vendre.**

On peut se procurer, au Secrétariat de l'Exposition, tous les renseignements nécessaires à l'achat des ouvrages, prix des œuvres et adresses des auteurs.

Un papillon rouge, mis sur les tableaux, indiquera les œuvres vendues.

ACHAY (Albert), né à Paris. — 24, rue Victor-Noir.

7 Le Miroir aux Amours.
8 Les grues.
9 La sieste.

ADOL (Jan), né à Natchitoches (Etats-Unis d'Amérique), naturalisé français. — A Orsay (Seine-et-Oise).

10 Un cadre :

A. Port de Blankenbergue.
B. Le béguinage.
C. Vieille église à Honfleur.
D. Un coin de Bruges.
E. Vieilles maisons à Honfleur.

11 Intérieur.
12 Le clocher.

AGERO (Auguste), né à Madrid. — 13, place Emile-Goudeau.

13 Groupe en pierre.
14 Cadre avec dessin.
15 Cadre avec deux dessins.

AGUTTE (Mme Georgette), née à Paris. — 11, rue
Cauchois, 18°.

    16 Le jardin au printemps (vu de l'atelier).
    17 L'allée des arbres roses.
    18 Roses de Noël.

AILLET (Edgard), né à Eauze (Gers). — 2, passage de Dantzig, 15°.

    19 La robe orange (pastel).
    20 Nu (pastel).
    21 Mimosa.

AKIMOW (Elisabeth), née à Saint-Pétersbourg. —
278, boulevard Raspail, 14°.

    22 Nature morte.
    23 Nature morte.
    24 Nature morte.

ALANCO (Uno), né en Finlande. — 7, rue Belloni, 15°.

    25 La résignation.
    26 Femme inquiète.
    27 Noli me tangere.

ALBERT (Adolphe), né à Paris. — Les Andelys (Eure).

    28 Le quai du Petit Andely.
    29 Le château Gaillard.
    30 Printemps.

ALDER (Emile), né en Suisse. — 6, avenue Longueil, Maisons-Laffitte (Seine-et-Oise).

    31 Les genêts.
    32 Femmes du Valais (Suisse), étude.
    33 Etude.

ALEXANDROVITCH (A.-J.). — 13, avenue Teissonnière, Asnières (Seine).

    ***34** A. Laisant (peinture), appartien à Mme J. Laisant.
    ***35** Docteur Sigot (pastel), appartien au docteur Sigot.
    36 Emile Rousset (pastel).

ALHAZIAN (Ohannès), né à Van (Turquie). — 7, rue Belloni, 15ᵉ.

    37 Idylle.
    38 Soleil d'hiver (Finlande).
    39 Orage (Finlande).

ALIX (Yves). — 7, rue Eugène-Flachat, 17ᵉ.

40 L'atelier.

ALLAIN (Louis-René), né à Baccarat (Meurthe-et-
Moselle). — Rue de Foëcy, à Vierzon-Forges
(Cher).

41 Côtes de Bretagne (tableau décoratif).
42 Petite plage au Pouldu (Morbihan).
43 En Sologne (coucher de soleil).

ALLARD-L'OLIVIER, né à Tournai (Belgique). —
3, Voie Nouvelle (Avenue Junot), 18ᵉ

44 La bénédiction d'une barque à Saint-Gue-
nolé (Finistère).
45 L'heure du Pardon, Penmarch (Finistère).
46 Le jour de la Fête-Dieu, Penmarch (Finistère).

ALLEGRE (Albert), né à Paris. — 43, rue Olivier-
de-Serres, 15ᵉ.

47 A travers Rouen (dessins).
48 A travers Paris (eaux-fortes).

ALMA (Petrus), né en Hollande. — 16, rue Perceval, 14e.

49 Paysage.
50 Paysage.
51 Tête.

ALTMANN (Alexandre), né en Russie. — 2, passage de Dantzig, 15e.

52 Nemours.
53 Un jour d'hiver à Chaville.
54 Paysage.

ALY (Gustave), né à Arras (Pas-de-Calais). — 3, rue Brodu, 14e.

55 Vieille route (vallée de l'Eure).
56 Matinée en Beauce.
57 Meules dans la plaine.

ALYANAK (Hrand), né à Constantinople. — 29, avenue Trudaine, 9e.

58 Soir sur le lac (bois de Boulogne).
59 Guérites de pêcheurs (Constantinople).
***60** Portrait de Mlle L... (appartient à l'auteur).

ANCELME (Narcisse), né à Pillon (Meuse). — Passage de l'Élysée-des-Beaux-Arts, 18e.

    61 Les Pyrénées à Fontarabie.
    62 Soir d'automne sur un lac.
    63 A Trianon.

ANDREINI (Ottorino), né à Florence (Italie). — 31, boulevard SaintJacques, 14e.

    64 Jardin fleuri (gouache).
    65 Dans le jardin (gouache).
    66 Harmonie (gouache).

ANDRIEU (Lucien), né à Montauban. — Rue de la Mandoune (Ancienne usine Lagravère).

    67 Fossés de Mandoune (paysage), Montauban (Tarn-et-Garonne).

ANDUZE (Joseph-Saint-Cyr), né à Agen — Caussade (Tarn-et-Garonne).

    69 Les Gaulois (invasion).
    70 Reitre à la pipe.
    71 Retour des champs.

ANGEBEAUX (E.), né à Paimbœuf (Loire-Inférieure). — 89, rue Fazillau, à Levallois (Seine).

72 Saint-Marc (temps de pluie).
73 Un coin des Tuileries.
74 Nature morte.

ANGRAND (Charles). — 48, cité de Limes, à
Dieppe.

75 Au puits.
*76 Sur le seuil (appartient au Dr Aug. Vigou-
roux).
77 Le chien maraudeur.

ANITCHKOF (Alexandre), né à Saint-Pétersbourg. — 59, rue des Saints-Pères, 6e.

78 Septembre (nord de la Russie).
79 Semailles d'automne (Nord de la Russie).
80 Octobre humide (Nord de la Russie).

ANNENCOFF (Georges), né au Kamtchatka (Russie). — 9, rue Campagne-Première, 14e.

*81 Paysage,
82 Esquisse d'un mur d'église.
83 La fête de la Vierge (détail).

ANREP (Boris von), né à Saint-Pétersbourg. —
65, boulevard Arago, 13e.

  84 L'enfant pleure.
  85 La princesse Fatma.
  86 L'arbre.

ANSEAUX (Fernand), né à Paris. — A la Gleurie,
par Gif (Seine-et-Oise).

  87 Genèse de la peinture.
  88 Portrait de Mme A...
  89 La rue de l'abreuvoir, à Orsay (S.-et-O.).

ANTHONE (Armand), né à Paris. — 1, villa
Niel, 17e.

  90 Intérieur.
  91 La Seine à Suresnes.
  92 Le canal à Sevran (S.-et-O.).

ARCHIPENKO (Alexandre), né à Kiew. — 169 bis,
boulevard du Montparnasse, 6e.

  *93 Porteuse (pierre), appartient à M. B...
  94 Dessin.
  95 Corps (plâtre).

AGNES (Antony), né à Paris. — 32, rue de la
Station, à Maisons-Laffitte (Seine-et-Oise).

96 Petit jour.
97 Encombrement(affiche ovalo rondo cubiste)
sans cadre.
98 Ascenseur (losangisme).

APPERLEY (Owen-Wynne), né à Ventnor. — 25,
Minster Rd West Hampstead N. W. (London).

99 High Force (Durham).
100 Un fleuve anglais.

ARNAVIELLE (Jean), né à Paris. — 5, rue Stanislas, 6e.

101 Décor.
102 Nocturne.
103 Versailles : Bassin du Plat-Fond.

ARREGUI (Romana), né à Bilbao (Espagne). —
67, rue de Clichy, 9e.

104 Les experts (peinture).
105 Types d'Espagnols (temps de Goya).
106 Types d'Espagnoles (temps de Goya).

ASSELIN (Maurice), né à Orléans. — 39, rue Lamarck, 18°.

    107 Femme assise.
    ***108** Brigneau (aquarelle), appartient à M. Meyer-Riefstahl.
    109 Dessin.

ASTÉ (Jean-Louis), né à Toulouse. — 9, rue Moquin-Tandon, à Montpellier (Hérault).

    110 Au jardin.
    111 L'avenue de la Gare, à Lamalou-les-Bains.
    112 Cabanes de pêcheurs à Port-la-Nouvelle.

AUBRY-DOLLE (Jeanne), née à Cambrai (Nord). — 65, boulevard Saint-Michel, 5°.

    113 Versailles.
    114 Vue du Luxembourg.
    115 Séville : la maison de Pilate.

AUTRAN (Eugène), né à Genève. — 86, rue Dutot, 15°.

    116 Jeune femme cousant (huile).
    117 Paysage (huile).

118 Aquarelles dans un seul cadre :
Chemin sous bois.
Les saules.
Les meules.
Crépuscule d'automne.

AUZERAIS (Louis.-F.), né en Californie (Etats-
Unis d'Amérique). — 60, rue des Vignes, 16e.

***119** Une vitrine contenant des poteries (grès,
grand feu).

BABAIAN-CARBONELL (Mme Arminia), née à
Tiflis. — 32, rue de la République, à Meudon
(Seine-et-Oise).

120 Nature morte.
121 Paysage (Belle-Isle).
122 Paysage (Belle-Isle).

BACH (Marcel), né à Bordeaux. — 7 et 9, rue
Alain-Chartier, 15e.

123 Bœufs au repos.
124 Rochers au bord de la rivière.
125 Aridité.

BACHMANN (Adolphe), né à Lausanne. — 7 *bis*,
rue Denis-Gogue, à Clamart.

*126   Pêche miraculeuse.
*127   Paysage.
*128   Paysage.

BACQUÉ (André), né à Port-Sainte-Marie (Lot-et-
Garonne). — 7, rue Guénégaud, 6°.

129   Le viaduc d'Auteuil.
130   Etude.
131   Fleurs.

BAFFIER (Jean), né à Neuvy-le-Barrois (Cher). —
6 *bis*, rue Lebouis, 14°, et à la Croix-Renault
(Cher).

132   Jacques Bonhomme (tête).
*133   Pierre Dey (le grand bucheux), buste terre
        cuite (appartient au docteur Raulin).
134   La petite famille (groupe plâtre).

BAILLET (Charles), né à Paris. — 25, rue du Parc-
Montsouris, 14°.

135   Femme assise.
136   Bord de la Seine.
137   Coin de la Juyne.

BAILLIEZ (André), né à Lille. — 12, rue Littré, 6º.

138 Vieille rue d'Etaples.
139 Les pivoines.
140 Sous la tonnelle.

BAILLY (Alice). — 9, rue Campagne-Première, 14º.

141 Petite fille à la poupée.
142 Le jardin.
143 Dans la chapelle.

BAILLY (Cyril), né à Arpajon. — Arpajon.

*144 Sous bois.
*145 Paysage (automne).
*146 Paysage (été).

BAKER-CLACK (Arthur), né en Australie. — 11, rue Vavin, 6º.

147 Fleurs (sur fond oriental).
148 Singe et tambour (coin de nursery).
149 Pierrette.

BAL (Frank), né aux Etats-Unis d'Amérique. —
5, rue Dailly, Saint-Cloud (Seine-et-Oise).

150 Plage de Tabarka (Tunisie).
151 Jeune Bédouine.
152 Un marabout.

BALABANOFF (Simon), né en Russie. — 9, rue
Campagne-Première, 14ᵉ.

*153 Esquisse.
*154 Esquisse.
*155 Esquisse.

BALLET (André-Victor), né à Paris. — 35, rue
de Rome, 8ᵉ.

156 Venise.
157 Venise.

BALLIN (Léo), né à Paris. — 31, rue Jean-de-
Beauvais, 5ᵉ.

158 Pont Marie.
159 Rue de la Montagne-Ste-Geneviève.

BARAT-LEVRAUX (Georges), né à Blois. — 2, rue
Aumont-Thiéville, 17°.

160 La toilette.
161 Le livre d'images (pastel).
162 Paysage.

BARAUDE (Henri), né à Chalon-sur-Saône. — 4,
rue Eugène-Labiche, 16°.

163 Entraigues. Ste-Trophime. Arrivée aux
Saintes. Théâtre d'Arles. (quatre aquarelles).
164 Les Saintes. Les Arènes. Château de Ser-
ve. Aqueduc de Bonau (quatre aquarelles).
165 Rue de l'Hôtel-de-Ville (Paris).

BARBEY (Mlle Jeanne-Marie), née à Paris. — 40,
rue de Paris, Bagnolet (Seine).

*166 Paysages de Paris et de Bretagne (quatre
pochades).
*167 Piments.
*168 Sur le chemin de l'école.

BARCET (Emmanuel), né à Lyon. — 8, rue Auguste-
Maquet, 16°.

169 Départ pour la promenade.
170 Tête d'enfant.
171 Soucis et chardons.

BARDELLE (Léon), né à Limoges. — 15, rue
Edouard-Jacques, 14°.

172 La Vienne à Limoges.
173 Etude.
174 Paysage (environs d'Eymoutiers).

BARDOT (Louis), né à Faulquemont. — Chez M.
Bézard, 26, boulevard des Batignolles, Paris.

175 Paysage.
176 Paysage.
177 Paysage.

BARON (Marcel), né à Paris. — 60, rue des Tournelles, 3°.

178 Coin de jardin.
179 A l'orée du bois.

BARON (Charles-Eugène), né à Paris. — 102 *ter*,
rue Lepic, 18ᵉ.

180 Montmartre.
181 Eglise Saint-Laurent (Fbg St-Martin)
***182** Rue Saint-Jacques.

BARRÈRE (Marcel), né à Paris. — 6, rue Fran-
cisque-Sarcey.

***183** Amandier du jardin (Gascogne).
***184** Matinée d'automne (bords de Garonne,
Gascogne). Appartient à M. P...
***185** Après-midi d'automne (la Garonne à Pa-
laminy, Gascogne).

BARRET (Léonard-Albert), né à Périgueux. —
65, boulevard Arago, 13ᵉ.

186 Après la chasse.

BARTH (Paul-Basilius), né à Bâle (Suisse). —
114, rue de Vaugirard, 6ᵉ, et chez M. Lamorelle,
106, boulevard Montparnasse.

187 Femme nue assise.
188 Tête de femme.
189 Une fleur.

BARTHÉLEMY (Adolphe), né à Besançon. — 92,
rue Lecourbe, 15°.

190 Quatre impressions du parc de Raimbault.
191 La Grande Roue au crépuscule.

BASTIAN (Mme Dolores), née à Saint-Pétersbourg.
— 26, rue du Départ, 14°.

*****192** Légende hindoue.

BAUCHE (Léon-Charles), né à Paris. — 2, passage
Dantzig, 15°.

193 Paysage.
194 Parc de Versailles.
195 Paysage.

BAUDET (Marie), né à Tagnon (Ardennes). —
89, boulevard Vasnier, à Reims.

196 Marché en Flandre.
197 Coin de rue en Flandre.
198 Trois croquis au trait (gueux des routes).

BAUDOT (Émile-Marcel), né à Paris. — 62, rue
Bargue, 15°.

***199** Portrait de Mme G...
200 Tête de femme (étude plâtre).
201 Figure assise drapée (bronze).

BAUDOT (Mlle Jeanne), née à Paris. — 4, Grande-
Rue, Louveciennes (Seine-et-Oise).

202 Fleurs.
203 Nature morte.
204 Étude.

BAUSIL (Louis). — 66, avenue de Châtillon, Paris.

205 Le port de Soller (Baléares).
206 Andorre, près Formiguères (Pyrénées-
Orientales).
207 Pêchers en fleurs devant Palalda (Pyrénées-Orientales). Effet de soir tombant.

BAZEILLES (Albert), né à Bordeaux (Gironde).
— 15, rue Bourgeois, 14°.

208 Baigneuse.
209 Le moulin du petit Trianon (eau-forte en
couleurs).
210 Vénus enfant et l'amour.

BEAU (Henri), né au Canada. — 116, rue de Vaugirard, 6°.

211 La baie de Perros (matin).
212 La baie de Perros (soir).
213 Soir.

BEAU (Emile), né à Paris. — 171, boulevard Pereire, 17°.

214 Le remorqueur.
215 Fin de journée.

BEAUFEREY (Mlle Louise), née à Paris. — 1, rue Demours, 17°.

216 La chapelle Saint-Anne.
217 Port de pêche.
218 Le Pilon (Provence).

BEAUVISAGE (Maurice), né à Paris. — 16, rue Caffarelli.

219 La Seine à Ivry.
220 Nature morte.
221 La Seine à Sartrouville.

MARGUERITE-BECAGLI, née à La-Côte-Saint-
André (Isère). — 15, rue Grange-Batelière, 9°.

221 *bis* A qui l'orange.
221 *ter* Tête de genre.
222 Carmencita.

BÉCHET (Maurice), né à Paris. — 235, rue du
Faubourg-Saint-Honoré.

222 *bis* La pie.
223 Etude.
224 Le faune (souvenir de Nijinsky).

BÉGULE (Joseph-Emile), né à Lyon (Rhône). —
6, boulevard de Clichy, 18°.

225 E'étang de Saint-Pierre.
226 La chapelle aux cyprès.
227 Sérénité (lac de Côme).

BEISSIER (Hector), né à Avignon (Vaucluse). —
10, boulevard de Strasbourg.

228 Bords de Marne.
229 Fleurs de mon jardin.
230 Etude (portrait).

BELLANGER (Mme Louise), née à Saint-Omer (Pas-de-Calais). — 57, rue Laugier, 17e.

> **231** Chrysanthèmes.
> **232** Une rue de Vère (I.-et-L.).
> **233** Paysage de Touraine.

BELLANGER (Francis), né à Paris. — 8 et 14, rue Thibaud.

> **234** Les deux affections (pastel).
> **235** Pont Marie, Paris (pastel).
> **236** Eglise Saint-Médard, Paris (pastel).

BELLAN-GILBERT, né à Paris. — 7 *bis*, place des Vosges, 4e.

> **237** Vues de Paris.
> **238** Vues de Paris.
> **239** Vues de Paris.

BELLEVEAUX (Félicien), né à Lucy-sur-Yonne (Yonne). — 56, rue de la Fédération, 15e.

> **240** Vieille fumeuse bretonne.
> **241** Intérieurs bretons (d'après J.-A. Héyermans).
> **242** Intérieurs bretons (d'après J.-A. Héyermans).

BELOFF (Angéline), née à Saint-Pétersbourg (Russie). — 26, rue du Départ, 14e.

243   La vieille.
244   Une Espagnole.
245   Cadre avec deux eaux-fortes.

BELOT (Gabriel), né à Paris. — 31, rue des Deux-
Ponts.

246   La Sioule (Allier).
247   Vieille maison (St-Pourçain-sur-Sioule).
248   Quai d'Anjou, Hotel Lambert, Paris.

BÉNARD (Jean), né à Maisonns-Laffitte. — 16,
rue d'Achères, Maisons-Laffitte (Seine-et-Oise).

*249   Soir.
*250   Le phare.
*251   Le champ de blé.

BENDA (G.-K.), né à Paris. — 12, rue de la Grange-
Batelière, 9e.

252   Les hortensias.
253   Le chapeau rose.
254   Nu.

BENÉZIT (Emmanuel-Charles), né à Paris. — 11,
rue Daniel-Stern, 15e.

255 Le pont Royal (Paris).
256 Le pont Marie (Paris).
257 Le moulin dans les blés (Itancourt).

BENONI-AURAN, né à Monteux (Vaucluse). —
12, rue du Moulin-de-Beurre, 14e.

***258** Resurrexi et adhuc Tecum Sum (appar-
tient au baron Just. de Bernon).
259 Fleurs.
260 Tableau (figure).

BERGEVIN (Albert), né à Avranches. — 35, rue
Capron, Paris, et Avranches (Manche).

261 Le cirque sur la place.
262 La rue à l'ivrogne.
263 Clownerie (aquarelle, deux feuilles).

BERGON (François-Marius), né à Narbonne (Aude).
— 29, rue des Petites-Écuries, 10e.

264 Femme à la pomme.
265 Tête d'homme (dessin sanguine).

BERINGS (Lode), né à Anvers (Belgique). — 86, rue Philippe-de-Girard, 18e.

266 La promenade.
267 Intérieur.
268 En face du Trocadéro (gouache).

BERLICHINGEN (Maria), née à Iagsthausen. — 55, rue du Montparnasse.

*269 Pitié.
*270 Dessins au crayon.
*271 Crucifixion (aquarelle).

BERNARD (Louis), né à Marseille. — 6, boulevard de la Liberté, Marseille.

272 Le vieux Marseille (les Accoules) étude.
273 Dans les ports (Marseille), quatre études.
274 Pins au soleil couchant (Côte d'Azur).

BERN-KLENE, né à Amsterdam. — Veneux-Nadon par Moret (Seine-et-Marne).

275 Eucalyptus en Corse.
276 Paysage.
277 Intérieur.

BERNOULLI (Charles), né à Bâle. — 99, rue de Vaugirard, 6e.

278 Jeune fille couchée.
279 Mirainas (Provence).
280 Les rochers rouges (Toulon).

RENÉ-BERTAUX, né à Paris. — 17, rue Boissonade, 14e.

281 Dunes.
282 Paysage.
283 Paysage.

BERTHÉLÉMY, né à Paris. — 49, rue Belgrand, 20e.

*284 Etude.
*285 Etude.
*286 Etude.

BERTHELIER (Pierre), né à Paris. — 4, rue Thimonnier, 9e.

287 Etude.
288 Automne (Normandie).
288 bis L'Eglise de Bouillon (Manche).

BERNOLLES (Jules-Pierre), né à Paris. — 12, rue de l'Obélisque, Chalon-sur-Saône (Saône-et-Loire).

289 Placette de village en Provence.
290 Promenade autour du village (Drôme).
291 Oliviers et le mont Ventoux (effet de soir).

BERTRAND (Pierre), né à Lorient (Morbihan). — 120, boulevard de Clichy.

292 Les Thoniers (Ile de Groix).
293 Les toits de chaume (Ile-aux-Moines).
***294** Paysage d'automne (Bretagne), appartient à M. Romain Coolus.)

BESNARD (Mme Lita), née à Boulogne-sur-Mer. — 3 *bis*, cour de Rohan, 6°.

295 Pastel.
296 Pastel.
297 Nature morte (huile).

BESNIER (Fernand), né à Orléans (Loiret). — 14, rue des Fossés-Saint-Jacques, 5°.

298 Juliette.
299 Douce journée.
300 La reine.

BESNUS (Georges), né à Paris. — 1, rue Cassini,
14ᵉ.

301 La petite mer à Penthièvre.
302 Le fort de Penthièvre.
303 La baie de Penthièvre.

BESNUS (Maurice), né à Paris. — 1, rue Cassini,
14ᵉ.

304 Le bois de pins à Penthièvre.
305 L'île Téviec à Penthièvre.
306 Le pont de pierre à Étampes.

BEUDIN (Gaston), né à Paris. — 48, rue des
Abbesses, 18ᵉ.

307 Pêches et raisins.
308 Pommes.
309 Étude.

BEVAN (Robert P.), né en Angleterre. — 14,
Adams de Road, Hampstead, London.

310 Le cheval fondu.

BICHET (C.). — 12, rue d'Antony, Limoges.

311 Etude.
312 Etude.
313 Etude.

BIELER (Hélène de), née à Sindeman in West-
preussen. — 117, boulevard du Montparnasse, 6e.

314 Nature morte.
315 Intérieur d'église.
316 L'autel d'une église.

BIETTE (Jean), né au Havre. — 15, rue Racine,
Le Havre (Seine-Inférieure).

317 Nature morte.
318 Etude.
319 Marine.

BIGOT (Charles), né à Paris. — 37, rue du Che-
min-Vert, 11e.

320 Fruits.
321 Moulin à Alfortville.
322 La Marne à la Varenne.

BILLE (Jacques), né à Paris. — 3, rue du Général
Appert, 16e.

323 Fleurs (œillets rouges).
324 Fleurs (œillets blancs).
325 Fleurs.

BILLETTE (Raymond), né à Paris. — 61, quai de
la Tournelle.

326 Paysage.
327 Nature morte.
328 Nature morte.

BING (Mlle Olga), née à Paris. — 7, rue de Messine.

329 L'attardée.
330 La houppe.
331 L'orchidée.

BISCHOFF (Charles-Adolphe), né à Rouen. —
26, rue de Sévigné, Paris, et Saint-Thibault par
Lagny (Seine-et-Marne).

✱332 Mère et fille (portrait).
333 Toilette.
333 *bis* Le modèle au repos.

BIVA (Lucien), né à Paris. — 4, avenue de Brétigny, Garches (Seine-et-Oise).

334 Les azalées (Petit Trianon).
335 Après-midi (Villeneuve).
336 Le lac (clair de lune).

BLANCHET (Alexandre), né à Genève. — 24, rue Boissonade, 14ᵉ.

337 Eve.

BLOCH (Marcel), né à Paris. — 4, faubourg du Temple, 11ᵉ.

338 Les yeux.
339 Silhouette de femme.
340 Silhouette de parisienne.

BLOOS (Richard), né à Cologne (Rhin). — 9, rue Campagne-Première, 14ᵉ.

341 La môme (peinture).
342 Façade de la cathédrale de Rouen (eauforte).
343 Vieille maison, rue d'Eau-de-Robec (eauforte).

BLOT (Jacques-Émile), né à Paris. — 11, rue Richepanse, 1er.

344 Paysage.
345 Paysage.
***346** Étude.

BOCH (Eugène-Guillaume), né à La Louvière (Belgique). — Monthyon par Meaux (Seine-et-Marne).

347 Villages dans l'oasis (Biskra).
348 Les collines lointaines (Biskra).

BOISSIER (François), né à Montpellier. — 276, boulevard Raspail, 14e.

349 Maison languedocienne.
350 Porche de Saint-Pierre (Montpellier).

BOISTEL (Gustave), né à Paris. — 8 *bis*, rue Jouffroy, 17e.

351 Vieilles maisons (tuilerie Bignon).
352 Saules (tuilerie Bignon).
353 Automne (forêt de Marly).

BOJÉRIANOFF (Alexandre), né à Saint-Pétersbourg. — 13, rue Méchain, 14ᵉ.

*354 Le printemps (appartient à M. L-D. W...)
355 Fleurs, fruits, femme et paysage.
356 Une image dans le miroir.

BOLLIGER (Rodolphe), né à Arbon (Suisse). —
10, rue d'Orchampt, 18ᵉ.

357 Paysage de Montmartre.
358 L'attelage.
359 La voiture qui descend.

BOLOTINE (Basile), né à Saint-Pétersbourg. —
45, rue Vandamme, 14ᵉ.

*360 Portrait de M. G... (appartient à M. G...)
361 Etude (plâtre patiné).
362 Tête de vieillard (plâtre).

BOLZ (Hanns), né à Aix-la-Chapelle. — 19, rue
Daguerre, 14ᵉ.

363 Etude.
364 Etude.
365 Etude.

BONANOMI (Cesare), né à Plaisance (Italie). —
11, rue Maison-Dieu, 14ᵉ.

366 Un village dans l'Apennin (Italie).
367 Impressions de Provence.
367 *bis* Vieux pont sur la Trebbia (Italie).

BONIN (Alexandre), né à Paris. — 58, rue Hoche,
Houilles (Seine-et-Oise).

368 Rochers de la Monjoie (Mortain)
369 Route à Batincourt.
370 Dans le pré.

BONNAMY (Louis), né à Meunet-Planches (Indre).
— 5, rue d'Alençon, 15ᵉ.

371 Nature morte (pommes).
372 Paysage.
373 Nature morte.

BONNAUD (Paul), né à Ville-d'Avray. — 49, rue
de Chabrol, 10ᵉ.

374 Hivernage à Harfleur (Seine-Inférieure).

BONVALOT (André), né à Paris. — 23, rue
Gramme, 15°.

375 Patineuses à Magic-City.
376 La patineuse bleue.
377 Vieille maison à Châteaudun.

BOSREDON (Jehanne de), née à Sarlat (Dordogne).
12, rue du Regard, 6°.

*378 Bords de la Dordogne.
*379 Dans les bruyères à Monsaïor.
*380 L'heure lente.

BOUDET (Gustave), né à Paris. — 36, boulevard
de Clichy, 18°.

381 Tunis.
382 Tunis.
383 Quatre études dans un cadre.

BOUDOT-LAMOTTE (Maurice), né à La Fère
(Aisne). — 108, rue Olivier-de-Serres, 15°.

384 La servante.
385 La bouilloire.
386 Le broc d'étain.

BOUHOURS (André), né à Enghien-les-Bains. —
9, rue du Chemin-de-Fer, Enghien-les-Bains.

387 Un coin des Tuileries (septembre).
388 Les bords de la Sarthe à St-Léonard.
389 Soleil d'automne (paysage).

BOULANGER (Camille), né à Paris. — 48, rue des
Marais, 10e.

390 Pauvre poupée (scène de chats).
391 Toute ma nichée (chats).
392 Triptyque de carlins (chiens).

BOULAY (José de), né à Bordeaux. — 6, rue La-
peyrère, 18e.

393 Courbevoie.
394 Le Bourget.
395 Coin de Seine.

BOULONGNE (Paul de), né à Marseille. — 2, rue
Aumont-Thiéville, 17e.

396 Dessin.
397 Dessin.
398 Dessin.

BOUQUET (Louis), né à Lyon. — Louveciennes
(Seine-et-Oise).

399 Etude.
400 Portrait.
401 Portrait (dessin).

BOURG (Jules-Emile), né à Metz (Lorraine annexée). — 17, rue de Draveil, à Juvisy-sur-Orge
(Seine-et-Oise).

402 Cadre de quatre toiles :
    I. Moulin de St-Germain-les-Arpajon (St-
        et-O.).
    II. Premières feuilles à Perray-Vaucluse
        (S.-et-O.).
    III. La Seine à Ris-Orangis (S.-et-O.).
    IV. Le printemps à Longpont-Montléry
        (S.-et-O.).
403 L'église de Viry-Châtillon (S.-et-O.).
404 Vieille maison à Vitré (Ille-et-Vilaine).

BOURNAC (André), né à Arcachon (Gironde). —
46, quai Henri-IV.

405 Le clocher de Montigny-sur-Loing.
406 Lassitude.
407 Coquetterie.

BOURRILLON (Charles), né à Marseille. — 79, boulevard du Montparnasse, 6e.

408 Collines de l'Esterel.
409 La tombe du poète.
410 Paysage.

BOUSSEMART (Maurice), né à Lille. — 59, rue Monge, 5e.

411 La rue des Chantres, à Paris.
412 Le port de la Tournelle (crue du 6 février 1913).
413 Paysage (Somme).

BOUSSENOT (Gustave), né à Créteil (Seine). — 15, rue Morère, 14e.

414 Splendeur d'automne (appartient à M. Gustave Heilbrunn).
415 L'aéroplane.
*416 Le médecin-major X... (appartien à M. le docteur E. P...).

BOUSSINGAULT (Jean-Louis), né à Paris. — 11, rue des Sablons, 16e.

417 Le chasseur (dessin).
418 Jeune fille (dessin).
419 Tête de femme (dessin).

BOWSER (Isabelle), née à Newcastle-on-Tyne. —
7, rue Campagne-Première, 14ᵉ.

    420 Ruisseau à Pont-l'Abbé.
    421 Pays breton.
    422 Boutons d'or.

BOYD (Elizabeth-Z.), née en Ecosse. — 38, Harrington Gardens, Londres S. W.

    423 San Francesco della Vigna.
    424 Les pieux bleus.
    425 Voiles vénitiennes.

BRABO (Albert), né à Alais. — Alais (Gard).

    426 Route d'Alais en novembre.
    427 Saint-Christof (Gard), en automne.
    428 Etude de paysan.

BRANCUSI (Constantin), né en Roumanie. — 54,
rue du Montparnasse, 14ᵉ.

    429 Sculpture.
    430 Sculpture.
    431 Sculpture.

BRETON (Lucien), né à Paris. — Marlotte (Seine-
et-Marne).

432 Les Martigues (pastel).
433 Barques (reflets), pastel.
434 Les Martigues (pastel).

BRICARD (Xavier), né à Angers. — Villa des
Arts, 15, rue Hégésippe-Moreau, 18e.

435 Halte en Provence.
436 Le retour du jardin.
437 Enfant à la fourrure.

BRIDGE (Aline-Sybil), née à Ryde (Angleterre). —
123, boulevard Saint-Michel, 5e.

438 La femme seule.
439 Le four o-clock.
440 A la toilette.

BRINDEL (Edouard), né à Bayonne. — 4, rue de
Furstemberg, 6e.

441 Coucher de soleil (Luxembourg).
442 Etude de nu (pastel).
443 Matinée chaude (Luxembourg).

BRON (Achille), né à Crazannes. — Taillebourg
(Charente-Inférieure).

444 Coin de parc.
445 Les écueils (côtes de Bretagne).
446 Matin d'automne.

BROSSIN-DE-POLANSKA (Mme Henriette), née
à Cracovie (Pologne). — 47, avenue Félix-Faure,
15ᵉ.

447 Les roses.
448 Les Tziganes.
449 Filets et barques.

BROWN (Anna Wood), née aux États-Unis d'Amérique. — Monneville (Oise).

450 Tulipes.
451 Dahlias.
452 Roses.

BROWN (Ethel-Mary), né à Nottingham. — 28,
Priary Road, Bedfort Park, Londres W.

453 Saint-Louis portant la couronne d'épines.
454 Le mariage de Clotilde.
455 Le jeu de cartes.

BROYE (Roger de la), né à Elbeuf. — 18, rue Ju-
liette-Lamber, 17e.

    456 L'homme au violoncelle.
    457 L'heure du thé.

BRUCE (P.-H.), né en Amérique. — 6, rue de
Furstemberg, 6e.

    459 Paysage.
    460 Paysage.
    461 Harmonie.

BRUGUIÈRE (Fernand), né à Nîmes (Gard). —
6, rue Severo, 14e.

    462 La brume (Bretagne).
    463 Falaises (Bretagne).
    464 La petite vachère (Bretagne).

BRUNE (Pierre), né à Paris. — 11, cité Falguière, 15e.

    465 La Mandoune (paysage).
    466 La lanterne des morts (paysage).
    467 Marseille (prostitution).

BRUNET (Charles), né à Amiens (Somme). —
Maison Venaud, boulevard Bru, Alger-Mustapha.

468 Au marabout Sidi-ben-Mour (Bouzaréa)
469 Maison arabe, parc fontaine bleue (Mustapha.)
470 Rue de la Mer Rouge, Casba (Alger).

BRUQ (Fernand), né à Saumur. — 124, Grande-Rue, Garches.

471 Paysage (Villeneuve-l'Etang).
472 Paysage (Villeneuve-l'Etang).
473 Etude de fleurs.

BUCAS (Julien), né à Paris. — 324, rue des Pyrénées, 20e.

***474** Odette et Alain de V...
475 La pluie sur la Seine.
476 Une place de Rouen.

BUCCI (Anselmo), né en Italie. — 18, rue du Mont-Cenis, 18e.

477 Alger.
478 Une rue d'Alger.
479 Boutique arabe.

BUCHER (Edwin), né à Lucerne. — 31, rue du Guet, Sèvres.

480 Groupe de chiens de défense (plâtre).

BUCHKOLZ (Mlle Ursule), née à Wierbka, gouv. de Kielce (Pologne). — 3, rue Vercingétorix, 14.

481 Etude de nu.

BUFFIN (Louis), né à Tarbes. — Châlet Montlouis, Bagnères-de-Bigorre (Hautes-Pyrénées).

482 Village de Campan.
483 La brume (cabanes sous la neige).
484 Petits lacs de Bastan.

BUGNON (Berthe), née à Paris. — 21, rue de la Tonnellière, Chartres (Eure-et-Loir).

485 St-Grégoire. Le beau Dieu. St-Georges de la Cathédrie de Chartres (dessin au fusain).
486 Le vieux Chartres (eaux-fortes originales).
487 L'abside de la cathédrale de Chartres (eau-forte originale).

BULLIO (Eugène), né à Marseille. — 1 bis, rue
Saint-Gilles, 3e.

488 Fleurs, objets d'Orient (pastel).
489 Fleurs, fruits, bibelots (pastel).
490 Brodeuse.

BUNOUST (Madeleine), née à Paris. — 33, avenue
Sainte-Foy, Neuilly-sur-Seine.

491 Pastorale.
492 Saint-Guénolé (Bretagne).
***493** La source.

BURNSIDE (Cameron), né à Londres (de parents
américains). — Chez Lucien Lefebvre-Foinet, 2,
rue Bréa, 6e.

494 Lac Léman de St-Légier.
495 Feu de St-Jean à St-Jean-de-Luz.
496 Marée basse.

BURNSIDE (Cameron), né à Londres. — Chez
Lucien Lefebvre-Foinet, 2, rue Bréa, 6e.

497 Fleurs.
498 Jardin en Suisse.
499 Fleurs.

BURTY (Frank), né à Limoges (Haute-Vienne). —
110, avenue d'Orléans, 14e.

500 Nu.
501 Femme épluchant une orange.
502 Tête de femme.

BUSSER (Mme Paula), née à Paris. — 1, boulevard Exelmans, 16e.

503 Paysage d'automne.
504 Nature morte.
505 Nature morte.

BUSSET (Maurice), né à Clermont-Ferrand. — Avenue du Puy-de-Dôme, Clermont-Ferrand.

506 Volcans morts (Auvergne).
507 Lac, cratère de Servières (Auvergne).
508 Cratère du Pariou (Auvergne).

CADÈNE (Lucien), né à Montauban (T.-et-G.). —
2, passage Dantzig, 15e.

509 Nature morte.
510 Paysage.
511 Étude.

CAHEN-BERR (Andrée), née à Paris. — 1, square
La Bruyère, 9°.

    *512 Portrait de Mlle C. M... (pastel).
    513 Nature morte.
    514 Nature morte (chrysanthèmes).

CAILLAUD (Alfred), né à La Rochelle.

    515 Nature morte.
    516 Fruits et fleurs.

CAMIS (Max), né à Levallois. — 10, rue Lecha-
pelais.

    517 Chambre au soleil.
    518 Le tumulus.
    519 Fête à Gia.

CAMUS (Paul), né à Paris. — 122, rue Cham-
pionnet, 18°.

    520 Vues des Sables-d'Olonne (quatre vues).
    521 La rentrée du grain.
    522 Vieilles maisons à la Chaume (Sables-d'O-
lonne).

CANTER (Paul-Joseph), né à Saint-Omer. — 23, rue
Boissonade, 14ᵉ.

523 Surprise.
524 Le miroir.
525 Etude.

CARIOT (Gustave-Gaston), né à Paris. — Périgny-
sur-Yerres, par Mandres (Seine-et-Oise).

526 Rivière.
527 Paysage à Périgny.

CARNIEL (Richard), né à Trieste. — 69, rue Froidevaux, 14ᵉ.

528 Les oranges.
529 Sur la Marne.
530 Mlle Gogosse.

CARRERA (Augustin), né à Madrid. — 2, rue
Méchain, 14ᵉ.

531 Nu en plein air.
532 Pont transbordeur (Marseille).
533 Coin du vieux port (Marseille).

CARVALLO-SCHULEIN (Mme Suzanne), née à
Paris. — Castelucho, 16, rue de la Grande-Chau_
mière, 6ᵉ.

    534 L'homme au buisson d'épines.
    535 La boutique du nègre (Alger).
    536 Vieille femme espagnole.

CASSALETTE (Félix), né en France. — 93, rue
de Longchamp, 16ᵉ.

    537 La lecture.
    538 Femme assise.
    539 Femme se coiffant.

CASTELUCHO (Claudio), né à Barcelone. — 84,
rue d'Assas, 6ᵉ.

    540 Marché aux fleurs à Barcelone.
    541 Etude.
    542 Danse gitane.

CATINAT (Maurice), né à Quiers (Loiret). — 3,
rue Nicolo, 16ᵉ.

    543 Les hortensias.
    544 Panneaux pour un buffet de cuisine.
    545 Etude.

CAUD (Marcel), né à Paris. — 35, rue Lhomond, 5ᵉ.

546 Etude.
547 Etude.
548 Etude.

CESBRON (Charles), né à Paris. — 13, rue Jacquemont, 17ᵉ.

549 Cathédrale de Noyon (pastel).
550 Cloître ensoleillé (pastel).
551 Porte de sacristie (pastel).

CESBRON (Jacques), né à Paris. — 13, rue Jacquemont, 17ᵉ.

552 Bruyères.
553 Jacinthes sous bois.
554 Bassin de l'automne.

CHAGALL (Marc), né en Russie. — 2, passage de Dantzig, 15ᵉ.

555 Naissance (coupe d'une maison) 1910-1911.
556 Couple sous l'arbre (1912).
557 Dessins (impressions de Russie).

CHABRIDON (Joseph), né à Clermont-Ferrand. —
15, rue de l'Hôtel-de-Ville, Clermont-Ferrand.

558 Soir sur la Dordogne (fin d'été).
559 Rives de l'Allier.
560 Intérieur.

CHAMIER (Mme Léna), née en Angleterre. —
Chez Paul Foinet fils, 21, rue Bréa, Paris.

*561 L'été à Florence.
*562 L'été aux Indes.
*563 L'été aux Indes.

CHAMPAVIER (Maurice), né à Crest (Drôme). —
37, rue de Paris, Charenton-le-Pont.

564 Lac de Genève, soir (pastel).
565 Les Roches vertes (pastel).
566 Soleil couchant, marine (pastel).

CHAMPENOIS (Mme Jeanne), née à Orléans (Loiret). — 74, rue Notre-Dame, Verneuil-sur-Avre (Eure).

567 Vue de Verneuil.
568 Au pays des gouttières.

CHAMPION (André), né à Paris. — 15, rue du
Delta, 9°.

   569 Septembre en Normandie.
  ***570** Portrait de l'auteur.
   571 Vilain temps.

CHAPCHAL (Jacques), né à Saint-Pétersbourg. —
169, boulevard Saint-Germain.

   572 L'étang.
   573 Portrait.
   574 Portrait.

CHAPUIS (Germaine-Madeleine), née à Paris. —
10, allée de la Paix, Saint-Leu (Seine-et-Oise).

   575 Chrysanthèmes.
   576 Par la fenêtre.
   577 Chinoiseries.

CHARCHOUNE (Serge), né à Bougorouslane
(Russie). — 9, rue Campagne-Première, 14°.

  ***578** L'allégresse.
  ***579** Impressions de la musique de Wagner.
  ***580** Ballet fantastique.

CHARIBINE (Paul), né à Moscou (Russie). — 88, boulevard Port-Royal, 5ᵉ.

581 Automne.
582 Dans les montagnes.
583 Aquarelle.

CHARLET (Albert). — 7, rue du Dôme, 16ᵉ.

584 Farniente.
585 Nageuses.
586 Coquettes.

CHARLIER (Charles-Henri), né à Paris. — 14, rue de l'Yvette, 16ᵉ.

587 La chaste Suzanne.
588 Dessins de figures.
589 Dessins d'arbres.

CHARLOT (Louis), né à Cussy-en-Morvan. — 50, rue de Rennes, 6ᵉ, et chez M. Paul Rosenberg, 38, avenue de l'Opéra.

590 Soir d'hiver (Morvan).
591 Etude.

CHARMY (Mlle Émilie). — 54, rue de Bourgogne, 7°.

592 Figure.
593 *Figure.
594 Nature morte.

CHARON (Luc), né à Paris. — 33, rue Jacob, 6°.

595 Quatre études.
596 Lavoir de Plomarc'h.
597 Notre-Dame.

CHARPENTIER (Maurice), né à Paris. — 42, boulevard Voltaire, 11°.

598 Pivoines (aquarelle).
599 Le gave de Pau (aquarelle).
600 La Seine au Pont-Neuf (aquarelle).

CHAR-POU, né au Mans. — 1, avenue Percier, 8°.

*601 Sancerre (carton pour tapisserie), appartient à M. B...
502 Saint-Cloud (aquarelle).
503 L'Étang de Villebon (aquarelle).

CHATELLIER (Charles), né à Lisieux (Calvados). — 8, rue de Musset, 16e.

604 Cathédrale et tour à Pise (Italie).

CHAUCHET-GUILLERÉ, née à Charleville (Ardennes). — 13, rue Eugénie-Givard, Vincennes (Seine).

605 Les tulipes.
606 Fleurs.
607 Paysage.

CHAUMEIL (Henri), né à Paris. — 97, avenue d'Italie, 13e.

608 Une vitrine :

I. Compotier.
II. Bol.
III. Coupe.
*IV. Assiette.
V. Plat.
VI. Flambeau.
VII. Plat.
VIII. Bonbonnière.
IX. Vase.

CHAZALVIEL (Albert-Edouard), né à Paris. — 344, rue Saint-Jacques, 5e.

609 Etude de tête.
610 Etude de tête.
611 Les tours.

CHÉLIGA (Marya), née en Pologne. — 22, rue Saint-Ferdinand, 17e.

612 Etude d'expression.
613 Etude d'expression.
614 Princesse Fatima.

CHEMIN (Edgar), né à Landouzy-la-Ville (Aisne). — 2, rue Dailly, Saint-Cloud.

615 Matin d'été.
616 St-Cloud (matin de printemps).
617 Le pont de Saint-Cloud (matin d'hiver).

CHENARD-HUCHÉ (Georges). — 61, rue Caulaincourt, 18e, et chez M. Paul Rosenberg, 38, avenue de l'Opéra.

618 Paysage du Var.
619 Paysage à Sanary.
620 Fleurs.

CHÉREAU (Claude). — 3, boulevard Suchet.

621 Femme au fauteuil rouge.
622 Femme au fauteuil bleu.
623 Femme couchée (dessin).

CHEVALIER (Félicien), né à Paris. — 39, rue Héricart, 15e.

624 La nymphe endormie.
625 Femme aux coquillages.
626 Lecture du soir.

CHIRICO (Georgio de), né à Florence. — 42, rue Mazarine, 6e.

627 La mélancolie du départ.
628 L'énigme de l'heure.
629 L'énigme de l'arrivée et de l'après-midi.

CHOLLET (Marcel), né à Genève. — 17, rue Victor-Massé.

630 Dahlias rouges et jaunes
631 Roses jaunes.
632 Tulipes.

CHRISTMANN (Charles), né à Strasbourg. — 19, quai aux Fleurs, 4ᵉ.

633 Surprise.
634 Etude.
635 Etude.

CHURCH (Mary), née à Fabkland (Islande). — Chez Miss Jenkins, 29, rue Madame, 6ᵉ.

636 Power (aquarelle).
637 Paysage (huile).
638 Paysage (aquarelle).

CHUZIN (L.), né à Grenoble. — 11, place de Vintimille, 9ᵉ.

639 Bords de l'Oued à Bou-Saada.
640 Fondouck à Bou-Saada.
641 Préparation du couscouss à Bou-Saada.

CHRYSTAL (Margaret), née en Ecosse. — 83, boulevard du Montparnasse, 6ᵉ.

642 Coin de rue à Venise.
643 Nénuphars.
644 Esquisse en Hollande.

CINGRIA (Alexandre), né à Genève. — A Rolle
(Suisse).

645 L'arrivée de l'époux (cantique des canti-
ques).

CIROU (Paul), né à Sainte-Mère-l'Eglise (Manche).
— Chez M. Paul Foinet, 21, rue Bréa, 6e.

*646 Côte algérienne.
*647 Femme de couleur.
*648 Bord de mer (Algérie).

CIRULIS (Ansis), né à Riga (Livonie). — 9, rue
Campagne-Première, 14e.

649 En rêve (étude d'une composition).

CITERNE (Paul), né à Paris. — 11, rue de Siam,
16e.

650 Etudes (cadre contenant quatre études).
651 Chalet.

CLÉMENT (Georgette-Andrée), née à Paris. —
2, rue de Rocroy, 10e.

    652 Environs de Cannes (Alpes-Maritimes).
    653 Œillets et mimosa.
    654 Roses et mimosa.

COBIANCHI (Iginio), né en Italie. — 74, rue Demours, 17e.

    655 Baveno (Italie).
    656 Etude.
    657 Les chataigniers des Alpes.

CŒURET (Alfred), né à Paris. — 26, rue de la
Tombe-Issoire, 14e.

    658 L'été.
    659 Au temps des cerises.
    660 La lecture.

COGNIET (Marcel), né à Paris. — 15, avenue
Matignon, 8e.

    ***661** Venise (aquarelle).
    ***662** Venise (aquarelle).
    ***663** Venise (aquarelle).

COLAS (Maurice-Paul-Gabriel), né à Paris. — 244, rue Saint-Jacques, 5e.

***664** Portrait de Mlle Jeanne-Paul Fort (pastel).
***665** Ma cousine (aquarelle).

COLATTA (Vittorio), né à Paris. — 14 *bis*, rue Oudinot, 7e.

666 Visions de Carnaval.

COLIN (Edmond), né à Virton (Belgique). — 283, rue de Charenton, 12e.

667 Corrida (aquarelle).
668 Femme arabe (aquarelle).
669 Murat à Aboukir.

COLLE (Jean), né à Marseille. — Ploaré, par Douarnenez (Finistère).

670 L'été en Bretagne.
671 L'automne en Bretagne.

COLLOT (Charles), né à Nancy. — 31, avenue d'Eylau.

672 Confidence.
673 Le dernier coup d'œil.
674 Rêverie.

COMINETTI (Giuseppe), né en Italie. — 13, rue Ravignan, 18ᵉ.

675 Mariage.
676 Musiciens jouant un air de Debussy.
677 Les meilleures amours.

COMPAYRÉ (Marcel), né à Toulouse. — 80, avenue de Breteuil.

678 Le rocher de la Vierge et la Roche percée (Biarritz).
679 Paysage des environs de Luchon.
680 Lac Mouriscot (Biarritz).

CONCHON (Léon), né à Paris. — 1, rue Lefèbre.

681 La foi.
682 Marie-Magdeleine (étude).

4

CONQUET (Henri), né à Paris. — 58, boulevard
Emile-Augier, 16e.

   683 Saint-Cloud.
   684 La côte près de Batz (Loire-Inférieure).
 ***685** Portrait de M. R...

CONTANT, né à Blois. — 89, quai Ulysse-Besnard,
Blois (Loir-et-Cher).

   686 Matin (Blois).
   687 Soir (Cagnes).
   688 Printemps (Cros de Cagnes).

CORFU (Georges-Félicien), né à Jonchery-sur-Ves-
les (Marne). — 86, rue Lamarck, 18e.

   689 Le repos, Créteil (Seine).
   690 L'effort.
   691 Paysage.

CORIN (Edwin-P.), né à Londres. — 15, rue Ar-
sène-Houssaye, 8e.

   692 Palais de Hampton Court.
   693 Palais de Hampton-Court (triptyque).
   694 La baie de Combe-Martin (Angleterre).

CORNILLON-BARNAVE (Charles-Marie-Joseph), né à Marseille. — 21, rue Geoffroy-Saint-Hilaire.

*695 Écolier, portrait (dessin sanguine).

COULON (Gustave), né à Paris. — 12, rue de la Victoire, 9°.

*696 Bénévent-l'Abbaye (aquarelle).
*697 Marine (aquarelle).
*698 Gargilesse (aquarelle).

COULON (Henri), né à Paris. — 37, rue de Châteaudun, 9°.

699 La vallée du Verger.
700 La vallée de la Creuse au Pin (Indre).
701 Le rocher des Fileuses à Crozan (Creuse).

COURCHÉ (Félix), né à Paris. — 73, rue Louis-Blanc, 10°.

702 Bacchante au cygne.
703 Bacchante à la pomme.
704 Frileuse.

COURCIER (Mlle Hélène), née à Aire-sur-la-Lys
(Pas-de-Calais). — 83, avenue de Saint-Cloud,
Versailles.

705 Etudes de Bretagne.
706 Un marché au Mans (esquisse).
707 Sous-bois à l'automne (Versailles).

COUSIN (Charles), né à Paris. — 10, place Dan-
court, 18e, et Maison Pellerin, 30, rue d'Enghien, 9e.

708 Grand canal à Venise (appartient à M.
E. P...)
709 Un canal à Venise.
710 Triptyque (Etudes).

COUSSEDIÈRE (Charles-Jean), né à Paris. —
Rue Bonne-Mouche, Montévrain (Seine-et-Marne).

711 Etude.
712 Etude.
713 Paysage.

COUSTURIER (Lucie), née à Paris. — 43, boulevard Beauséjour, 16e.

714 Saule pleureur.
715 Nature morte.

COUSTURIER (Mme Henriette), née à Dijon (Côte-d'Or). — 11, boulevard de Clichy.

716 Des fleurs (peinture).
717 Santa Maria dei Servi (Sienne), aquarelle.
718 A Fiesole (aquarelle).

COUTURIER (Claude), né à Paris. — 33, rue de Longchamp, Neuilly-sur-Seine.

719 La Roseraie du faune (coin de parc abandonné).
720 Fleurs de Nice.
721 Au bois de Boulogne.

CREED (Ninette), née à Paris. — 1, avenue Jules-Janin, 16e.

722 Etude de fleurs.
723 Etude de tête.
724 Nu.

CSAKY (Joseph-A.), né en Hongrie. — 3 *bis*, place de la Sorbonne, 6e.

725 Groupe de femmes (plâtre).
726 Tête de femme (plâtre).

CURPHEY (Grace), née en Ecosse. — 126, boulevard du Montparnasse, 14e.

727 Les hortensias.
728 Les violettes.
729 Une étude.

CUVILLIER (Albert), né à Paris. — 3 bis, rue d'Athènes, 9e.

730 Quai du Louvre.
731 Port Saint-Bernard.
732 Port Henri IV.

DAGNAC-RIVIÈRE (Ch.-H.-G.). — A Moret-sur-Loing (Seine-et-Marne).

*733 Les chaumières.
*734 Port d'Alger.
*735 Vieilles maisons.

DALBANNE (Claudius), né à Lyon. — 22, chemin des Tournelles, Lyon, et 16, rue Le Verrier, 6e.

*736 Panneau décoratif.

DAMELINCOURT (Hubert), né à Tarbes (Hautes-Pyrénées). — 68, rue du 14-Juillet, Pau (Basses-Pyrénées).

737 Cirque d'Aïne (levée de brume).
738 Danses en vieux Béarn (projet de décoration).
739 Galanterie en vieux Béarn.

DAMERON (Henri), né à Gourdon (Saône-et-Loire). — 76, rue Michel-Bizot, 12e.

740 Jeune fille brodant.
741 Une rue à Bry-sur-Marne.

DANNENBERG (Alice), née à Riga. — 87, rue d'Assas.

742 Venise.
743 Etude.
744 Effet.

DANIS (Georges), né à Bapaume (Pas-de-Calais). — 28, rue de Neuilly, à Rosny-sous-Bois (Seine).

745 A l'aube.
746 En permission.

D'ANNE TANT (Pierre), né à Bruxelles. — 6,
boulevard Michel-Brézin, Garches (S.-et-O.)

747 Marchand de cresson.
748 Le trait.
749 Brodeuse au métier.

DANTU (Georges), né à Paris. — 14, rue La
Fontaine.

*750 Sous les glycines mauves du Japon.
*751 Cerisier rose au Japon.
*752 Paysage au Japon.

DAYNES (Victor), né à Colmar. — 115, rue Bo-
livar.

753 Jeux maternels.
754 La Loggia dei Lanzi (Florence)
*755 Le chimiste.

DEBIESSE (Philippe), né à Villefranche (Rhône).
— Avenue du Chemin-de-Fer, Raincy.

*756 Paysage.
*757 Paysage.
*758 Etudes.

LEBRAUX (René), né en France. — 18, rue d'Ar-
menonville, Neuilly.

759 Le quai Long à Bruges.
760 Soleil à Bruges.
761 Hendaye.

DEBRIE (Gustave), né à Paris. — 54, rue Lhomond, -5e.

762 Fleur de lotus (buste marbre).
763 Un rêveur (statuette marbre).
764 Un coup de collier, esquisse (plâtre bronzé).

DEFONTAINE (Rodolphe), né à Arras. — 43, rue
Lepic.

765 A l'heure de la Grand'Messe (St-Germain-
de-Fly).
766 Chrysanthèmes.
767 Nature morte.

DEFONTE (Edmond), né à Paris. — 8, place de la
Mairie, Fontenay-aux-Roses (Seine).

768 Allée fleurie.
769 Les lys.
770 Petite mare.

DEKEN (Mme Marthe de), née à Paris. — 14, place
Dauphine, 1er.

771 Fleurs et fruits.
772 Vue du quai des Grands-Augustins.
773 Chalands au repos.

DELACOUR (J.-Mathieu), né à Paris. — 3, rue
Dutot, 15e.

774 La plainte du grand cerf.
775 Diane au coursing.
776 Paysage.

DELACROIX (Paul), né à Paris. — 38, rue Fes-
sart, 19e.

777 Le vieux chemin.
778 Adoration du faux Dieu (dessin).
779 La vieille voiture dans le pré.

DELAMARRE DE MONCHAUX (Marcel), né à
Paris. — 212 *ter*, boulevard Pereire.

780 Le Châtelet à St-Jacut-de-la-Mer.
781 Fin d'après-midi à St-Jacut-de-la-Mer.
782 St-Jacut-de-la-Mer (le vieux lavoir).

DELAPORTE (Eugène), né à Versailles. — 2, rue de la Paroisse, Versailles.

*783 Belle-Isle (côte sauvage).
*784 Vallée du Rhône à Genève.
*785 Port de Marseille.

DELAUNAY, né à Bris. — 3, rue des Grands-Augustins, 6e.

786 Troisième représentation.
*787 L'Équipe du Cardiff F. C. 1912-1913.

DELCUS (Louis), né à Lillers (Pas-de-Calais). — 23, rue de Maubeuge, 9e.

788 Quatre aquarelles groupées dans un cadre : Automne, la neige, les blés, le pont du Carrousel.
789 Moulin sur le Grand Morin.
790 Forêt de Fontainebleau.

DELESTRE (Eugène), né à Paris. — 11, rue des Sablons, 16e.

791 Honfleur et l'embouchure de la Seine à marée haute.
792 Hortensia bleu à Bénerville.
793 Le petit dieu « Billiken » et sa prêtresse.

DELFOSSE (L.-B.), né à Bayonne. — 22, rue Saint-Augustin, 2ᵉ.

794 Procession à St-Armel (presqu'île de Rhuys).
795 Une noce dansant la Ridé.
796 Enterrement à Gourin (Morbihan).

SAINT-DELIS (Henri de), né à Hesdin. — 8, rue Emile-Zola, Le Havre.

797 Port de Vevey.
798 Dent du Midi.

SAINT-DELIS (René de), né à Saint-Omer. — 8, rue Emile-Zola, Le Havre.

799 Les pêcheurs.
800 Avant de voilier.
801 Port du Havre (soir).

DELOISON (Roger), né à Paris. — 10, rue Delabordère, Neuilly-sur-Seine.

802 Lac de Suresnes.
803 Lac de Suresnes.
804 Contre-jour.

DELORME-CORNET (Mme Louise), née à Lyon.
— 11, rue des Sablons, 16e.

805 Petite fille dans les fleurs.
806 Jeune fille aux roses.
807 Violettes et livre.

DELTOMBE (Paul), né à Catillon (Nord). — 49,
rue Beaunier, 14e.

808 Arc de Triomphe (esquisse pour une tapisserie).
809 La promenade (paravent).
810 Paysage.

DELUC (Gabriel), né à Saint-Jean-de-Luz. — 9, rue
Falguière, 15e.

811 Eve.
812 Etude.
813 Le jeune faune.

DEMAILLY (Louis), né à Marœuil (Pas-de-Calais).
6, rue Armand-Gauthier, 18e.

*814 Portrait de M. M...
*815 Portrait de Mme M...
*816 Nature morte (poires).

DEMAN (Paule), née à Bruxelles. — « La Lézardière », Le Lavandou (Var).

817 Les amandiers (Saint-Clair).

DEMARLE (Alexis), né à Tombouctou. — 54, rue Lamartine, 9°.

818 Route de Bièvres.
819 Environs de Paris.
820 Environs de Paris.

DENAYER (Félix), né à Ixelles (Belgique). — 33, rue du Dragon, 6°.

821 Paysanne flamande.
822 Le verger.
823 La moisson en Flandre.

DENISSE (J.-Jean), né à Bordeaux. — 16, rue C.-Souplet, Saint-Quentin (Aisne).

824 L'étudiante russe.
825 Bouquet d'été.

DEOM (Louis), né à Paris. — 4, rue du Roi-de-
Sicile, 4ᵉ.

826 Portrait de M. Raymond Poincaré.
827 Faust et Marguerite.
828 Distraite.

DERUET (Raymonde), née à Paris. — 12, rue
Bréa, 6ᵉ.

829 Nature morte.
830 L'entrée du Goulphar (Belle-Isle-en-Mer).
831 Coucher du soleil au Goulphar (Belle-Isle-
en-Mer).

DESCLABISSAC (Félice), né à Vienne. — Fag-
werkerstr. 17, Gmunden, Ober-Osterreich (Autriche).

832 Le chat noir.
833 La couronne.
834 Tyrolienne.

DESHAYES (Frédéric), né à Paris. — 190, rue
Marcadet, 18ᵉ.

***835** Portrait.
836 Etude.
837 Chrysanthèmes.

DESLIGNÈRES (André), né à Nevers. — 6, boulevard de Clichy, 18e.

838 La vigne.
839 Paysage.
840 Trois nus (bois gravés).

DESFORGES (Henri), né à Ecommoy (Sarthe). —
Passage Pommeraye, Nantes.

841 Paysage d'automne (effet gris).
842 Bords de rivière (automne).
843 Brume matinale (pastel).

DESLANDRE (Camille), né à Châlons-sur-Marne.
— Châlons-sur-Marne.

844 Paysage d'automne.
845 Vallée de la Marne à Dormans.
846 Cour de ferme (temps pluvieux).

DESMARRES (Amédée), né à Paris. — 9, boulevard Berthelot, Montpellier.

847 Jardins de Montpellier.
848 Jardins de Montpellier.

DESPEYROUX (Louis-Alexandre), né à Cahors. —
128 *ter*, boulevard de Clichy, 18e.

    849 La Dordogne sous Castelnau.
    850 Carennac (matinée d'été.)
    851 Bords du Lot.

DESTABLE (J.-B.-Frédéric), né à Rethel (Ardennes). — 47, boulevard de l'Hôpital, 13e.

    ***852** Nature morte.

DESTREM (Hugues), né à Paris. — 124, rue d'Assas, 6e.

    ***853** L'orage de mer.
    ***854** Jean Destrem (esquisse).
    ***855** Le port d'Anvers

DÉTRAUX (Mme Yvonne), née à Saint-Aubin-sur-
Mer. — 4, rue de la Sorbonne, 5e.

    856 Jardin au matin.
    857 Aquarelles : I. Printemps. II. La Côte.
            III. Marée basse. IV. Jardin (automne).
    ***858** Fleurs sous la lampe (appartient à M. S.
            P...).

DÉNES (Valy-G.), née à Budapest. — 12, rue de l'Abbaye, 6e.

859 Etude.

DEVILLE (Jean). — Chez M. Millou, 4, rue Bardinet, 14e.

***860** Fleurs.
***861** Nature morte et fleurs.

DE VILLIÈRE (Edouard-Gustave), né à Alger. — 12, rue Duval, 11e.

862 Le pont sur le bras du Chapitre à Créteil.
863 La Marne à La Varenne.
864 Premières pêches.

DÉZERT (Camille), né à Puteaux. — 12, rue du Centenaire, Puteaux (Seine).

865 Le pont de Suresnes (effet du matin).
866 Les bords de la Seine en automne.
867 Coin d'atelier.

DÉZIRÉ, né à Libourne. — 10, rue Perceval, 14e.

***868** Projet de décoration (esquisse).
***869** Projet de décoration (esquisse).
***870** Etude.

DIAULT (Félix). — 195 *bis*, rue de Vanves, Paris, et à Pont-Croix (Finistère), chez Mme veuve Pichavant.

871 Le Pardon de Sainte-Anne-la-Palud (Finistère).
872 Le Pardon de Saint-Jean-de-Trolimon (Finistère).
873 Sortie de la procession du Juch (Finistère).

DILIGENT (Raphaël), né à Flize (Ardennes). — 62, rue de la Santé, 14e.

874 Nana (plâtre patiné).
875 Portrait de Jean Clar- (plâtre).
***876** Le sculpteur D... (plâtre).

DODEL-FAURE (Mme Elisabeth), née à Issoire (Puy-de-Dôme). — La Sauvetat (Puy-de-Dôme).

877 Printemps.
878 Au bord de l'étang.
879 La rentrée des foins.

DOHIN (Léonce), né au Mans. — 43, rue Labrouste, 15e.

880 Une vitrine contenant :

    I. Un livre couverture-cuir, plaquette bronze.

    II. Vase « Insecte », bronze.

    III. Vase bronze.

    IV. encrier « Eucalyptus » bronze.

    V. Coupe-papier « Tolstoï » bronze.

    *VI. Médaille plâtre.

***881** Portrait de M. X..., médaillon bronze.

DOLLERSCHELL (Edouard), né à Munich. — 9, rue Campagne-Première, 14e.

882 La chemise rose.

883 La toilette.

884 Au clair de lune.

DOMERGUE-LAGARDE (Edouard), né à Valence-d'Agen (Tarn-et-Gar.). — 25, rue Humboldt 14e.

885 Le pont d'Auvillars.

886 La peuplieraie d'automne.

887 Vieux port d'Auvillars (automne).

DONGEN (Kees Von). — 6, rue Saulnier, 9e.

    888 Sur fond rouge.
    889 Singapore.

DONILO, né à Tulle. — 22, rue Denfert-Rochereau, 5e.

    890 Nijinsky (éventail sur peau de cygne).
    891 Rubinstein (éventail sur peau de cygne).
    892 Des femmes élégantes.

DONTCHEFF (Wladimir), né à Kichinew (Russie).
— 13, rue du Château, 15e.

    893 Étude.
    894 Château des Imbergères.
    895 Rendez-vous.

DORIGNAC (Georges), né à Bordeaux. — 2, passage Dantzig, 15.

    896 I et II Nus.
    897 Quatre masqués :
        I. Flemme de mineur.
        II. Mendiante aveugle.
        III. Mineur.
        IV. Débardeur.
    898 Deux nus (sanguine).

DOUROUZE (Daniel), né à Grenoble. — 53, rue
Saint-André-des-Arts, 6°.

899 Rue Brise-Miche,
900 Aquarelle.
901 Aquarelle.

DREYFUS (Clément), né à Neuf-Brisach (anc. dép.
du Haut-Rhin). — 46, rue Cardinet, 17°.

902 Le ruisseau à Villeneuve-l'Etang.
903 Sous bois à Villeneuve-l'Etang.
904 Près la porte de Suresnes.

DRUMMOND (M. C.), né en Angleterre. — 19,
Fitzroy Street, London.

905 Saint-James' Park, London.
906 London Flats.

DUCHEMIN (Mme Mathilde), née à Lyon. — 6,
rue Chanoinesse, 4°.

***907** Croquis de bébé (pastel).
***908** Etude d'enfant (croquis au pastel).
***909** Etude d'enfant (pastel).

DUCOURTIOUX (Mlle Renée), née à Vannes. —
14, rue François-Miron, 4°.

    910 Dessins.
    911 L'Ankou (légende bretonne).

DUDERICH (Hunt), né en Hongrie. — 54, avenue
du Maine, 14°.

    912 Chevalier en ciment (sculpture).
    913 Groupe.
    914 Vitrine de groupettes.

DUFOUR (Charles-Jules-Eugène), né à Paris. —
53 *bis*, quai des Grands-Augustins, 6°.

    915 Maisons de pêcheurs (Cavalaire).
    916 Le pin-parasol (Cavalaire).
    917 Matin (Franconville).

DUFOUR (Eugène-François), né à Paris. — 6, rue
de La Michodière, 2°.

    918 Environs de Barcelone (Espagne).
    919 Saint-Mamet, près Bagnères-de-Luchon.
    920 La Marne à La Varenne-Chenevières.

DUFOUR (Fernand), né à Paris. — 6, rue Jules-
César, 12e.

921 Bords de Seine (Saint-Cloud).
922 Coin de parc.
923 Coteaux de Saint-Cloud.

DUFOUR-NEUHAUSER (Claire), née à Domfront
(Orne). — Chaumes-en-Brie (Seine-et-Marne).

924 Rû de Bréjon.
925 Bord de rivière.
926 Petite ferme.

DUFY (Raoul), né au Havre. — 5, impasse de Guel-
ma, 18e.

*927 Le jardin abandonné.
*928 La promenade.
*929 Impressions de Munich.

DUJARDIN-BEAUMETZ (Mlle Rose), née à Paris.
— 12 bis, rue Pergolèse, 16e.

930 Coin du port des Sables-d'Olonne à marée
basse.
931 Au soleil couchant.

DULAC (Guillaume), né à Fumel (Lot-et-Garonne).
— 26, rue Pigalle, 9e.

932 Scène rustique (effet de soleil).
933 Paysage.
934 Le peignoir rose.

DUMAS (Hector), né à Fontenay-sous-Bois. — 249,
boulevard Raspail, 14e.

***935** Lassitude.
***936** Un Breton.
***937** Me Labori.

DUMAS (Jean-Baptiste), né à Lyon. — 6, rue des
Bauches, 18e.

938 Près du toit.
939 Paysage.
940 Nature morte.

DUMONT (Pierre), né à Paris. — 7, rue Morand,
Rouen (Seine-Inférieure).

941 Nature morte.
942 Nature morte.
943 Etude.

DUMOULIN (Georges), né à Vitteaux (Côte-d'Or).
— 8, rue Alphonse-Daudet, 14ᵉ.

944 Effet de neige aux fortifications.
945 Effet de neige, canal de Bourgogne.
946 Vitrine contenant émaux libres.

DUNLAP (Mlle Helena), née à Los Angeles (Californie). — Chez M. L. Lefebvre-Foinet, 19, rue Vavin, 6ᵉ.

947 La table du jardin.
948 Le champ.
949 La porte espagnole.

DUNOYER DE SEGONZAC, né à Boussy. — 37, rue Saint-André-des-Arts, 6ᵉ.

950 Peinture.
951 Etude.
952 Dessin.

DUPIN (Gustave), né à Paris. — 22, rue Mouton-Duvernet, 14ᵉ.

953 Le matin à Ermenonville.
954 Souvenir de la Creuse.
955 Route à Fontainebleau.

DUPÉRELLE (François), né à Cournon (Puy-de-Dôme). — Savigny-sur-Orge (Seine-et-Oise).

956 Groupe de quatre toiles :

Bords de l'Orge :

à Savigny-sur-Orge.

à Perray-Vaucluse.

à Brétigny.

à Longpont.

957 Saint-Fargeau-sur-Seine.

958 Un coin de mon jardin.

DUPONT (Victor), né à Boulogne-sur-Mer. — 2, passage Dantzig, 15ᵉ.

***959** Portrait du sculpteur Vittig.

960 Sainte famille.

961 Etude.

DURIEUX (A.-F.), né à Paris. — 57, rue de Dunkerque, 9ᵉ.

***962** Cavalerie rustique.

***963** Jour de loisir.

***964** Paycage.

DUSOUCHET (Pierre-Léon), né à Versailles. —
4, rue de l'Indre, 11e.

965 Nature morte.
966 Concert champêtre.

DUTREIX (François), né à Saint-Paul-d'Eyjeaux
(Haute-Vienne). — 37, rue de Palestro, 2e.

*967 Chanteclair (paysage).
*968 Le mirage des pins (lac du bois de Bou-
logne).

DUVAL (Béatrice), née en Suisse. — Trélivalaire,
Quimperlé (Finistère).

969 Tunis : vue de Sidi-Bou-Saïd (aquarelle).
970 Tunis : Phare de Sidi-Bou-Saïd (aquarelle).
971 Paysage de Bretagne (aquarelle).

ECK (Alexandre), né à Dolotzk (Russie). — 6, impasse de l'Aude, 14e.

*973 Ego ipse.
974 Le sphinx.
975 La vie.

ECKENDORFF (Eugène), né à Mulhouse (Haut-Rhin). — Delle (Territoire de Belfort).

976 Le Pichoux.
977 Le vieil arbre.
978 Barrage sous bois.

ECREMENT (Louis), né à Paris. — 39 *bis*, rue de Verrières, Antony (Seine).

979 La Hougue.
980 Bords de l'Orne.
981 Camaret.

EDELMANN (Abel), né en Russie. — 2, passage Dantzig, 15e.

982 Paysage de Chartres.
983 Seine vue de Rantcon.
984 Paysage de Billancourt.

EDSTROM (David), né en Suède. — 12, rue Tournefort, 5e.

***985** Le docteur O. Lidin (portrait buste en plâtre).
***986** Le docteur Gosta Forsell (portrait buste en plâtre).
***987** Le docteur S. Hybbinette (portrait buste en plâtre).

EGGIMANN (Jules-Pierre), né à Alais (Gard). —
19, rue Mouton-Duvernet, 14°.

988   Les tamaris (Maguelone).
989   Les oliviers (Mallorca).
990   Les pins (Provence).

EGOZCUE (Edouard), né à Barcelone (Espagne).
— 70, boulevard Edgar-Quinet, 14°.

991   La femme bleue.
992   Nature morte.
993   Tête de femme espagnole.

EKEGARDH, né en Suède. — 85, rue La Fontaine,
16°.

994   Impression de port.
995   Le repos.
996   Paysage.

ELICHE (Jean-Baptiste), né à Morières (Vaucluse).
— Domont (Seine-et-Oise).

997   Impasse à Morières (Vaucluse).
998   Le gros chêne-liège à Hyères (Var).
999   Entrée de Maffliers (S.-et-O.).

ENCELY (Jean-Pierre-Alexandre), né à Montaut (Ariège). — 9, place de la Trinité, Toulouse.

1000 Portrait de Mme E.-A...
1001 La fête du village.
1002 Promenade autour du lac (effet de perspective linéaire et aérienne. Grandeur exacte des personnes d'après la place qu'elles occupent dans la profondeur du tableau).

EPSTEIN (Mme Elisabeth), née à Gitomir (Russie). — 11, rue Grétry, à Montmorency (Seine-et-Oise).

1003 Nature morte.
1004 Nature morte.

EQUER (Jeanne), née à Paris. — 5, rue de Luynes, 7°.

***1005** Fruits dans un vieux réchaud.
1006 Géranium rouge.
1007 Poires vertes.

ERICSON (Paul), né à Moscou (Russie). — Moscou, chaussée de Pétersbourg, 40.

1008 L'Hiver.
1009 Avenue de l'Observatoire.
1010 Nature morte.

ESCOURROU, né à Paris. — 2, passage de Dantzig, 15e.

***1011** Portrait (pastel).
1012 La Butte Montmartre.
1013 Petites études.

EWALD (P.-Albert), né à Paris. — 14, avenue
  Bosquet, 7e.

1014 Sous bois à Chaville.
1015 Les biches.

FABER DU FAUR (Hans von), né à Stuttgart. —
  Karlstrasse, 20, Munich, Bavière (Allemagne).

1016 Jockeys au bord de la mer.
1017 Esquisse de portrait, jeune fille.
1018 Esquisse de portrait, homme.

FABIAN (Henri-Adolphe), né à Etampes (S.-et-O.).
  — 38, rue de Saintonge.

1019 Les roches.
1020 Le vieux saule.
***1021** Les saules.

FABRE (Auguste), né à Montpellier (Hérault). —
28, rue Marbeuf, 8°.

1022 Temps gris.
1023 Le pont.
1024 Matin.

FAGASTA (P.-R. de), né au Chili. — 149, rue de
Rennes, 6°.

1025 Nature morte.
1026 Cour à Moret-sur-Loing.
1027 Maison de Sisley, à Moret.

FALK (Nora), née en Russie. — 40, rue Denfert-
Rochereau, 5°.

1028 Virgen del Sagrario.

FALLET (Eugène), né à Paris. — 139, boulevard
Saint-Michel, 5°.

***1029** Portrait de M. D...
1030 Paysage (matin au Luxembourg).
1031 Fleurs.

FALLIÈS (Maurice-Marcel), né à Paris. — 59, rue
de Clignancourt, 18e.

    1032 Moulin de Montmartre.
    1033 Les buttes de Sannois.
    1034 Etudes.

FARKAS (Etienne), né à Budapest. — 17, rue Campagne-Première, 14e.

    1035 Portrait.
    1036 Roses.
    1037 Croquis.

FAUCONNET (Guy-Pierre), né à Chelles (Seine-
et-Marne). — 99, rue de Vaugirard, 6e.

    1038 Gloximia.
    1039 Pigeons.

FAUGIÈRE (Eugène), né à Marseille. — 4, place
Saint-Gérand, à Aurillac (Cantal).

    1040 La rue du Buis (Aurillac).
    1041 Les pins de Favières (Var).
    1042 Baie du Lavandou.
           Huttes de douaniers à Favières (Var).

FAURE (Gabrielle), née à Lumbin (Isère). — 20, rue Cassette, 6ᵉ.

    1043   Nature morte.
    1044   Paysage provençal.
    1045   Paysage.

FAURE (Alphonse), né à Toulouse. — 25, allée Saint-Michel, Toulouse.

    1046   Le lever.
    1047   La place de l'Eglise (Salin du Salat).

FAUVEL (Robert), né à Paris. — 31, chemin Pradier, Ville-d'Avray (Seine-et-Oise).

    1048   Fleurs.
    1049   Fleurs.
    1050   Dans le parc de Saint-Cloud (4 études).

FAUVET, né à Paris. — 10, rue des Haudriettes, 3ᵉ.

    1051   Sous bois.
    1052   Marchande d'oranges.
    1053   Coquelicots.

FAVORY (André), né en France. — 12, boulevard
Emile-Augier, 16e.

1054 Vue de la ville de Nevers.

FEDER (Alphonse), né à Odessa (Russie). — 83,
place Saint-Jacques, 14e.

1055 Portrait.
1056 Léda.
1057 L'Automne.

FELLONNEAU (Henri), né à Libourne (Gironde).
— 97, avenue d'Orléans, 14e.

***1058** Les bords de l'Isle (Gironde).

FERDI-PARIS (Adelard), né à Vincennes. — 102,
rue du Quinconce, Angers.

1059 Château de Chillon.
1060 Marine.

FÉRON (Julien), né à Saint-Jean-du-Caudonnay. —
Le Houlme (Seine-Inférieure).

1061 Georges El Kantara.
1062 Au bord de la rivière, Le Houlme.
1063 Paysage.

FERRET (Louise), née à Cambrai. — 34, avenue de Valenciennes, Cambrai.

1064 Vase (sculpture).
1065 Chevaux mangeant (sculpture).
1066 Boxeur (sculpture).

FERRY (Thérèse), née à Paris. — 9, rue Bernouilli, 8e.

1067 Coucher de soleil.
1068 Cap Figuera.
1069 Brume sur la mer.

FISCHBACH (François), né à Uckange (Lorraine annexée). — 34, rue Richer, 9e.

1070 Paysage lorrain (effet du matin).
1071 La Moselle à Guénange (Lorraine annexée).

FESCHOTTE (Henri), né à Lyon. — 72, rue de Pologne, Saint-Germain-en-Laye.

1073 Bords de rivière (automne).
1074 Bords de rivière (sous-bois).
1075 Etude (pastel).

FESNEAU (Auguste-Henri), né à Paris. — 17, rue
Joseph-Gaillard, Vincennes (Seine).

    1076 Crépuscule en mer.
    1077 Effet de nuit en Provence.
    1078 Bateaux de pêche à Port-Louis (Mor-
           bihan).

FIDRIT (Charles-André), né à Paris. — 1, rue Paul-
Féval, 18e.

    1079 Paysage.
    1080 Femme au chapeau noir.
    1081 Paysannes.

FIEBIG (Frédéric), né à Talsen-en-Courlande. —
20, rue Ernest-Cresson, 14e.

    1082 Crescendo.
    1083 Ponte-Vecchio (Tempera).
    1084 Port de Villefranche.

FIELITZ (Mlle Ida-A.), née à Riga (Russie). —
99, rue de Vaugirard, 6e.

    1085 Bonne lecture.
    1086 Le premier baiser.

FILLEY (Georges), né dans l'Yonne. — 38, rue
Ramey, 18°.

1087 Femme aux babouches (nu).
1088 Sur la pelouse (effet de soleil).
1089 Bateaux (effet du matin).

FILLIOL (Ernest), né à Colmar (Alsace). — 126,
boulevard Richard-Lenoir, 11°.

1090 Notre-Dame de Paris.
1091 Intérieur.
1092 Le pont; Paysage d'automne; Le tas de
sable; Le pont Marie.

FINCH (Mme Renée), née à Paris. — Chavanne
Studio, 247, Kings Rd Chelsea, Londres.

1093 Eve.
1094 Une rue d'Assise.
1095 Ostensjo (Norvège).

FINOT (Léon), né à Troyes. — 47, rue Viardin,
Troyes.

1096 Le chemin du village.
1097 La plaine.
1098 Coucher de soleil.

FISCHER (M.), né à Paris. — 36, rue Muller, 18ᵉ

1099 Fleurs et fruits.
1100 Printemps.
1101 Fleurs d'hiver.

FLEITH (Eugène), né à Paris. — 83, rue des Pois-
sonniers, 18ᵉ.

1102 Entre voisins.
1103 Une haie.

FLODIN-RISSANEU (Mme Hilda), née en Finlande. — Kaptensgatan 11, Helsingfors (Finlande).

1104 Etude de nu (Espagnol).
1105 Croquis (danseuses).
1106 Gravures.

FLOROT (Gustave), né à Paris. — 1, rue Leclerc.

1107 Hélène.

FLOURENS (Renée) née à Paris. — 49, rue de
Passy, 16ᵉ.

1108 Repos.
1109 Cheveux.
1110 Versailles.

FOCKE (Eugénie), née en Allemagne. — 95, rue de
Vaugirard, 6.

    1111 Fleurs dans une buvette.
    1112 Fleurs dans une buvette.
    1113 Portrait de Mlle de B...

FOLLOT-VENDEL (Elfriede), né à Elberfeld (Allemagne). — 97, boulevard Arago, 13e.

    1114 Nature morte.
    1115 Fleurs.
    1116 Fleurs.

FOLSOW (E.-F.), né aux Etats-Unis d'Amérique.
— 78, rue d'Assas, 6e.

    1117 Le marché à Nassau.
    1118 Sous la neige.
    1119 Etude.

FORNEROD (Rodolphe), né à Lausanne (Suisse).
— 3, avenue Junot, 18e.

    1120 La lecture.
    1121 Le panier de pommes.
    1122 Pommes et poires.

FORTAIS (Jean), né à Angers. — 38, rue des Arènes, Angers.

    1123 Coucher de soleil, étang de Biscaros.
    1124 Effet de matin dans les Cévennes.
    1125 Impressions de crépuscule (La Baule).

FOTINSKY (Serge), né à Odessa. — 7, rue de Bagneux, 6e.

    1126 Etude.
    1127 Nature morte.
    1128 Nu.

FOUCAULT (Georges), né à Montereau (S.-et-M.). — 38 *bis*, boulevard Saint-Marcel, 5e.

    1129 Rue des Feuillantines et rue Saint-Jacques, à Paris (crayon et pastel).
    1130 Le Moulin de la Galette (crayon et pastel).
    1131 Le Moulin de la Galette (crayon et pastel).

FOUQUET (Emile), né à Oran (Algérie). — 13, rue Ravignan, 18e.

    1132 Nature morte.
    1133 Lassitude.
    1134 Sapins.

FOULET (Fernand), né à Decize (Nièvre). — 97,
rue du Bois, Levallois-Perret.

1135 Au gué du Loir.
1136 Au gué du Loir.

FOURCADE (Emile), né à Tonneins (L.-et-G.). —
Villa Bellerive, Villeneuve-sur-Lot.

1137 Bords du Lot, près Villeneuve.
1138 Environs de Boussens.

FOURNIER (Marcel), né à Chantelle (Allier). —
18, passage Elysée-des-Beaux-Arts, 18e.

1139 Pirogues sous les arbres (Nossi-Bé).
1140 Plage à Nossi-Bé.
1141 Vue de Marseille (aquarelle).

FOURNIÈRE (M.-C.-J. de la), né à Glannes (Marne)
— Toulon. « Casabianca ».

1142 La route de Jaffa à Jérusalem.
1143 Le Sphinx.
1144 Les monts du Liban.

FRACNEL (Emile), né à Paris. — 18, rue de Valois, 2ᵉ.

1145   La Pointe Sainte-Marguerite.
1146   Les bords du Thouet (couleurs mates).
1147   Les îles Borromées.

FRANCES (Mathilde), née à Saint-Pons (Hérault).
— 1, rue des Ateliers, Montpellier, et rue Férou,
11, Paris.

*1148   Printemps.
1149   Mohamed (chef arabe).
1150   Intérieur d'église, Saint-Séverin.

FRANCILLON (René), né à Lausanne. — 10, rue
de la Tombe-Issoire, 14ᵉ.

1151   Voiles à Honfleur.
1152   Brume dans la montagne.
1153   Arbres.

FRANCK (Henri), né à Grenoble. — Chez Mme
Flandrin, 7, rue Voltaire, Grenoble (Isère).

1154   La chapelle de Saint-Hospice, au cap
        Ferrat.
1155   Au cap Saint-Hospice.
1156   Aux environs de Nice.

FRANCK DE WALQUE (G.). — 53, rue Lauriston, 16°.

1157 Panneau décoratif.
1158 Paysage (la mare).
1159 Paysage (le lac).

FRANKEL (Alexandre), né à Zara. — 64, rue de
Lévis, 17°.

1160 Le fruit fendu.
1161 L'aviatrice.
1162 Knock Down.

**FRANQUIN (Georges), né à Broussey-en-Blois
(Meuse).** — 67, rue de Provence, 9°.

1163 Coin de jardin (Luxembourg).
1164 A l'abandon (Luxembourg).
1165 Sur la cour (Luxembourg).

FRAYE (André-Charles), né à Nantes (Loire-Inf.).
— 158 *ter*, rue du Temple.

1166 Entrée du port d'Audierne en hiver.
1167 Yvonne (étude).
1168 Paris (port Saint-Nicolas).

FREMAUX (Albert), né à Liège (Belgique). — 7,
rue de Viroflay, 15°.

1169 Saint-Germain-de-Confolens (Charente).
1170 Bords de la Vienne (Farce).
1171 Bords de la Vienne (Anxiété).

FRESSONNET (Francisque). — La Forge, Roanne
(Loire).

1172 Buste de M. P. D. (plâtre).
1173 Buste de M. R. (plâtre).
1174 Buste de femme (plâtre).

FRESNAYE (Roger de la), né au Mans. — 31, rue
Boissière, 16°.

1175 Jeune paysanne.
1176 Intérieur.
1177 Dessins.

FRÉVILLE (Eugène), né à Paris. — 37, rue Bour-
sault, 17°.

1178 Panneau de quatre études.
1179 Rue Berton, Paris (aquarelle).
1180 Parc de Versailles (aquarelle).

FRIEDLAND (Max), né en Palestine. — 3, rue
Vercingétorix, 14e.

1181 Au bord de l'eau.
1182 La neige.
1183 Béguinage.

FRIEDRICH (Eugène). — 19, rue des Bons-Enfants, 1er.

1184 Paysage (Saint-Cloud).
1185 Paysage (Saint-Cloud).
1186 Paysage (Saint-Cloud).

FRIK (Charles), né à Angers. — 6, passage des
Abbesses, 18e.

1187 Ancienne carrière (Bagneux, Seine).
1188 La lande aux genêts (Bretagne).
1189 Bords de la Sarthe, le matin (aquarelle).

FRIPPIER (Raoul), né à Paris. — 20, rue Ravignan, 18e.

1190 Chemin du Telemly (Alger).
***1191** Étude.
***1192** Étude.

GABRIEL (Léon), né à Paris. — 11, impasse Ronsin, 15°.

1193 Les chardons.
1194 Salade d'oranges.
1195 Marrons.

GAFFÉ (Arsène), né à Saigneville (Somme). — 10, Avenue Reille, 14°.

***1196** Portrait de l'auteur.
1197 Chalets suisses (Glarus).
1198 Chrysanthèmes.

GAILLARD (Marcel), né à Abbeville (Somme). — 17, avenue Potin, Sèvres (S.-et-O.).

1199 Etude de nu (effet de lampe).
1200 Sèvres (coin de parc).

GALAND (Jules), né à Paris. — 8, rue Saint-Simon, 7°.

1201 Les estampes japonaises.
1202 Petit port en Bretagne.
1203 Petit canal à Venise.

GALARD (Mlle Marthe), née à Bordeaux. — 9, rue
Campagne-Première, 14ᵉ.

1204 Psyché (dessin).
1205 Tendresses.
1206 Fleurs.

GALIMBERTI (Sandor), né à Kaposvar (Hongrie).
— 12, rue de l'Abbaye, 6ᵉ.

1207 Paysage.

GALLACHER (Frederick O'Neill). — 48, rue Saint-
Spire, Corbeil (Seine-et-Oise).

1208 Le bois de Saint-Paul.
1209 La Seine à Corbeil.
1210 Le potager.

GALLAND-DUBOS (Alexandre), né à Villema-
réchal (S.-et-M.). — 73, boulevard du Montparnasse, 6ᵉ.

1211 Bords de la Vienne.
1212 Environs d'Honfleur.
1213 Bords du Loing.

GALLÉE (Lucien-Émile), né à Paris. — 20, rue
Boulard, 14°.

    1214 Nature morte (harengs).
    1215 Nature morte (fleurs).
    1216 Paysage (décor).

GANGLOFF (Maria-Bernard), née à Lyon (Rhône).
55, boulevard Port-Royal, 13°.

    1217 Nature morte.
    1218 Fleurs.
    1219 Fruits.

GANSKY (Pierre de), né en Russie. — 63, rue
Caulaincourt, 18°.

    1220 Peinture.
    1221 Peinture.
    1222 Peinture.

GANUCHAUD (Paul), né à Paris. — 14, rue Fran-
çois-Guibert, 15°.

    1223 Une vitrine contenant :

        I. Le fruit (groupe étain patiné).
        II. Canard (étain et marbre).
        III. Lapin (étain et marbre).

    IV. Écritoire aux canards (grès).
    V. Salière à la crevette (porcelaine émaillée).
    VI. Petit buste à la coiffe (biscuit).

GARDENTY (Georges), né à Paris. — 13, passage Mousseau, Saint-Ouen (Seine).

1224 La gavotte (Bretagne).
1225 Sainte-Anne-de-la-Palue.
1226 Paysage breton.

GARDINER (Mlle Anna), née à Londres. — 9, rue Campagne-Première, 14ᵉ.

1227 Les pommes (nature morte).
1228 Intérieur de l'abbaye de Westminster.
1229 Magdalen Collège, à Oxford.

GARNIER (Emile), né à Strasbourg. — 58, boulevard de Strasbourg, 10ᵉ.

1230 Envoi de roses.
1231 Pêches et sucrier.
1232 Œillets.

GARNIER (Jacques), né à Rambouillet. — 22, rue
Monsieur-le-Prince, 6°.

1233 La Science, la Matière et la Foi.
1234 Au Louvre.

GARNOT (André), né à Paris. — 23, boulevard
Gouvion-Saint-Cyr, 17°.

1235 Paysage.
1236 Soir en Italie.
1237 Au théâtre.

GASPARD (L.-S.). — 270, boulevard Raspail, 14°

1238 La ville de pauvres.
1239 Eglise rouge.
1240 Mardi Gras.

GASS (Georges), né à Sézanne. — Rue de l'Ecole
Communale Sézanne.

1241 Printemps.
1242 Vieil Amiens.
1243 Vieil Amiens.

GAVET (Gaston-Auguste), né à Laperrière (Côte-d'Or). — 34, rue Delambre, 14ᵉ.

1244 Chrysanthèmes.
1245 Œillets.
1246 Mare Saint-James à l'automne.

GAUGUIN (Pola), né à Paris. — Oskaigt 1a, à Christiania (Norvège).

1247 Nature morte.
1248 Portrait de l'artiste.
1249 La forêt (Norvège).

GAULET (Henri) né à Paris. — 84, chaussée de l'Étang, Saint-Mandé.

1250 Les pins laricio.
1251 La Pointe des Poulains.
1252 Sentier dans la montagne.

GAYAC (Ernest), né à Bordeaux. — 15, rue de Tournon, 6ᵉ.

1253 L'apprenti sorcier.
1254 Danseuse.
1255 Danseuse.

GEISLER (Alfred). — 11, boulevard de Clichy, 9ᵉ.

1256 Nature morte.
1257 Nature morte.
1258 Etude.

GEORGE (Mlle Dorothée), née à Londres. — 28, boulevard Pasteur, 15ᵉ.

1259 Le chemin de la vie (une allégorie, peinture à la tempéra).

GENSEL (Henri), né à Lyon. — 90, rue Lepic, 18ᵉ.

1260 Le miroir.
1261 Entrée de Draveil.
1262 Etang de la Sablière.

GEREBTSOFF (Mlle Anne), née en Russie. — 9, rue Falguière, 15ᵉ.

1263 La communion.
1264 Ce qu'on voudra (évocation universelle).
1265 Femme en couches.

GERSON (Hanna), née à Aschersleben. — 9, rue Campagne-Première, 14e.

1266 Eglise d'Hardricourt.
1267 Les Railles.
1268 Rue à Meulan.

GHÉON (Henri), né à Argentières. — Orsay (Seine-et-Oise).

1269 Au gymnase, combat de novices.
1270 Knock-out.
1271 Un match au Cirque de Paris.

GIANNATTARIO (Ugo), né à Rome. — 132, boulevard du Montparnasse, 14e.

1272 Le tourniquet de la Taverne de Paris.
1273 La rue brutalisée.
1274 Aube en voyage.

GICQUEAU (Auguste), né à Paris. — 41, Grande-Rue, Bourg-la-Reine (Seine).

1275 Port de Goury (Hague).
1276 Aurore (Camaret).
1277 Petit port breton (matin).

GILMAN (Harold), né à London. — Snargate, Romney Marsh, Kent. (Angleterre).

>
> 1278 Portrait.
> 1279 Paysage.
> 1280 Intérieur.

GINNER (Charles), né à Cannes (Alpes-Maritimes). 24, York Mansions, Prince of Wales' Road, Londres S. W. (Angleterre).

>
> 1281 Piccadilly Circus (Londres).
> 1282 Les collines de Devon.
> 1283 Nature morte.

GIRAN-MAX (Léon), né à Paris. — 6, rue Coustou, 18e.

>
> 1284 Femme nue.
> *1285 Paysage provençal (appartient à M. de Chaudesaigues de Tarrieux).
> *1286 Paysage près d'Avignon (appartient à M. Teinturier).

GIRAULT (Mme Jane), née à Neuilly-sur-Seine (Seine). — 10, rue Seveste, 18e.

>
> 1287 Cerises.
> 1288 Roses, pivoines.
> 1289 Pensées, anémones.

GIROUD (Jean), né à Marseille. — 21, avenue du
Maine, 14ᵉ.

1290 Fleurs.
1291 Fleurs.
1292 Fleurs.

GLEIZES (Albert), né à Paris. — 24, avenue Gambetta, Courbevoie (Seine).

1293 Les joueurs de foot-ball.
1294 Le port marchand.
1295 Paysage.

GOICHOT (Mme Louise), née à Paris. — 33 *bis*, boulevard de Clichy, 17ᵉ.

1296 Géraniums.
1297 Hortensias.
1298 Chrysanthèmes.

GOLEMBIOWSKI (Witold), né à Varsovie (Pologne). — 50, boulevard Arago, chez M. Schwette, 13ᵉ.

1299 Tableau.
1300 Tableau.
1301 Tableau.

GONDOUIN (Emmanuel), né à Versailles. — 8, boulevard de la Reine, Versailles.

1302 Etude de caractère (dessin).
1303 Etude de caractère (dessin).
1304 Etudes de beauté de caractère (dessins).

GORE (William), né en Irlande. — 17, rue Saint-Senoch, 17e.

1305 Le port de Cassis (soir).
1306 La Sorgue à Vaucluse.
1307 Le poirier.

GOSSELIN (Emilie), née à Paris. — 18, rue Tronchet, 8e.

1308 Une vitrine contenant :
I. Glace (céramique de Lachenal).
II. Eléphant (céramique de Lachenal).
III. Chat au bol (céramique de Lachenal).
IV. Chien fox (céramique de Lachenal).
V. Chat noir (céramique de Lachenal).
VI. Canard (céramique de Lachenal).
1309 Une vitrine contenant des objets corne :
I. Manche ombrelle.
II. Peigne.
III. Pendentif avec soufflures perles.
IV. Bonbonnière.
V. Epingle à chapeau avec perles fines.

GOUEY (Mlle Henriette), née à Paris. — 20, avenue
de la Reine, Boulogne-sur-Seine.

    1310 Retour du marché.
    1311 Prunes violettes.
    1312 Fleurs de marronniers (aquarelle).

GOUMOIS (William de), né à Bâle (Suisse). —
Riehen, près Bâle.

    1313 Aux côtes normandes.

GRABOWSKA (Mlle Caroline), née en Pologne. —
14, rue Boissonade, 14e.

    1314 En allant à l'église (Pologne).
    1315 Réponse difficile.
  ***1316** Portrait de M. A. de M.

GRABOWSKI (Adam), né à Varsovie. — 7, rue
Belloni, 15e.

    1317 Paysage.
    1318 Paysage.
    1319 Paysage.

GRAF-DREYFUS (Mme Ilma), née à Sopron (Hongrie). — 4, carrefour de l'Odéon, 6e.

1320 Portrait.
1321 Etude.
1322 Fleurs.

GRALLAN (Henri), né à Rennes. — 6, rue Montgrand, Marseille.

1323 Laurier-rose.
1324 Meule de blé.
1325 Arbres en fleurs.

GRANCHET (André), né à Mende. — 38, rue Ramey, 18e.

1326 La mare au noyé (souvenir).
1327 Bords de l'Oise à Auvers.
1328 Temps gris à Auvers-sur-Oise.

GRAND (Léon), né à Limoges. — 1, rue Brongniart, Limoges (Haute-Vienne).

1329 Bords du Taurion (le soir).
1330 Bords de la Gartempe.
1331 Moulin Mimes (près Bessines, Haute-Vienne).

GRANZOW (Vladislav), né à Varsovie. — 7, boulevard Lannes, 16e.

1332 Nuées.
1333 Dessin.
1334 Dessin.

GRASSET (Albert), né à Rambouillet. — 2, rue de
l'Ebat, à Rambouillet (Seine-et-Oise).

1335 Cimes d'automne.
1336 Chaumières d'Yvelines (soir).
1337 Chaumière (après-midi d'automne).

GRASSIN (Alexandre), né à Courcival (Sarthe). —
Ecole de Filles, à Andilly (Seine-et-Oise).

***1338** Etudes de paysages bretons.
***1339** Etude de Bretonne.
1340 Habitation en Bretagne.

GREGORIAN (Jean). — 18, rue Choron, 9e.

1341 La rosée.
1342 Doux repos.
1343 Les dryades.

GREUILLET (Mme M.), née à Paris. — 47, rue Blomet, 15°.

1344 Jeune fille à la rose.
1345 Nature morte.
1346 Portrait.

GRILLON (Roger), né à Poitiers (Vienne). — 162, boulevard Voltaire, 11°.

1347 Nature morte (raisins).
1348 Suzanne aux cheveux dénoués.

GROMAIRE (Marcel), né dans le Hainaut. — 189, rue de Vaugirard, 15°.

1349 Paysage flamand.
1350 Femme nue (dessin).
1351 Le Juif Errant.

GROS (Lucien), né à Pau. — Tarbes (Hautes-Pyrénées).

1352 Les bords du Gave (Basses-Pyrénées).
1353 Pic du Midi de Bigorre.
1354 Vallée de Castan (Hautes-Pyrénées).

GRUNFELDT (Mme Milda), née en Livonie (Russie). — 45, rue Broca, 5e, chez M. Simson.

1355 Portrait.
1356 L'église.
1357 Promontoire de l'Oural.

G'STALDER (Fernand), né à Mulhouse (Alsace). — 14, rue des Taillandiers, 11e.

1358 Vers le soir.
1359 Nuit au lac Majeur.
1360 Etude.

GUÉNIFEY (Charles de), né à Paris. — 25, avenue d'Antin, 8e.

1361 La Seine à Jumiège (Seine-Inf.).
1362 La Seine à Aizier (Seine-Inférieure).

GUIBAL (Germain), né à Montpellier. — 29, rue de Sèvres, 6e.

1363 Etude de châtaigniers.
1364 Le Cros de Miège (Hérault).
*__1365__ Brume du matin (Corrèze).

GUIDO (Alfred), né à Turin (Italie). — 74, rue Bonaparte, 6e.

1366 Panneau de quatre natures mortes (aquarelle).
1367 Panneau de quatre paysages (aquarelle).
1368 Jour d'automne (paysage) (aquarelle).

GUIEU (François), né à Marseille. — 72, rue Dutot, 15e.

1369 Les peupliers (Champagne).
1370 Martigues.
1371 Bouleau et pommier (octobre).

GUILLAUMET (Yvonne), née à Paris. — 49, rue de Passy, 16e.

1372 La chemise sur la tête.
1373 Versailles (Parterre du Nord).
1374 Trianon.

GUILLAUMIN (Jeanne-Marie), née à Paris. — Rue de l'Est, Berck-Plage (Pas-de-Calais).

1375 Après la moisson.
1376 Matinée d'automne.
1377 Les bords du ruisseau.

GUILLOUX (Charles), né à Paris. — 33, quai de
Seine, à Herblay (Seine-et-Oise).

1378 Port-Marly.
1379 Vieux moulin.
1380 Peupliers.

GUILMANT (Félix), né à Boulogne-sur-Mer. —
33, avenue du Maine, 14°.

1381 Etude.
1382 Etude.

GUINNESS (Mlle Marie), née en Irlande. — 21, rue
Valette, 5°.

1383 Portrait.
1384 Nature morte.
1385 Paysage.

GUINEPIED (Alice), née à Brinon (Nièvre). — 11,
rue de Sèvres, 6°.

1386 Dans la rue.
1387 Paysage (Chinon).
1388 Etude.

GUINEPIED (Hélène), née à Brinon (Nièvre). —
11, rue de Sèvres, 6°.

1389 Fin d'automne.
1390 Le noyer.
1391 Bouleaux.

GUSTAVO DE MAETZU, né en Espagne. — Hôtel
des Étrangers, 2, rue Racine, 6°.

1392 Les flagellants de la Rioja.

GUTTERO (Alfred), né à Buenos-Aires. — 24, rue
Morère, 14°.

1394 Femme assise.
1395 Etude.
1396 Etude.

GWOZDECKI (Gustaw), né en Pologne. — 9, impasse de l'Astrolabe, 15°.

1397 Beethoven (plâtre).
1398 Sculpture (plâtre).
1399 Tableau.

GYANING, né à Paris. — 19, rue d'Orsel, 18°.

    1400 Les barques.
    1401 Le vieux moulin.
    1402 Temps gris.

GYS, né à Paris. — 18, rue Pasteur, à Asnières.

    1403 Le jardin au bord de l'eau.
    1404 L'allée de sable jaune.
    1405 Le parasol orange.

HAMMAN (Jean), né à Paris. — 4, rue Pierre-
    Haret, 4°.

    1406 La charge.
    1407 Le trou d'eau.
    1408 Les émigrants.

HANRIOT (Jules-Armand), né à Arpajon. — 29,
    rue des Martyrs, 9°.

    1409 La vague.
    1410 Printemps.
    1411 Solitude.

HARANGER (Paul), né à Paris. — 94, rue Saint-Lazare, 9e.

1412 Intérieur de l'église Saint-Gervais.

HARKE (Evelyn), née à Mickbham. — Cherwell Cottage, Kidlington, Oxon (Angleterre).

1413 Maternité.
1414 La vieillesse.
1415 Chevaux blancs au soleil.

HARRISSON (Mabel), née en Angleterre). — 131, rue de Vaugirard, 6e.

1416 Etude.
1417 Etude.
1418 Etude.

HASSENBERG (Rena), née à Varsovie. — 8 bis, rue Campagne-Première, 14e.

1419 Village corse.
1420 Les dahlias.
1421 Un pot de géranium.

HAYDEN (Henry), né à Varsovie. — 40, rue Denfert-Rochereau, 5e.

1422 Jugement de Pâris.
1423 Portrait.

HAYET (Jacques), né à Meudon. — Montévrain, près Lagny (Seine-et-Marne).

1424 Etude à Montévrain.
1425 Les saules.
1426 Etude.

HAZLEDINE (Alfred), né à Mold. — 7, avenue de Saturne, Uccle-lez-Bruxelles (Belgique).

1427 La baignade.
1428 Ruisseau sous bois.
1429 La rivière.

HEEMSKERCK (Van Jacoba), née à La Haye. — Nassau Zuilensteinstraat, 35, La Haye (Hollande).

1430 Composition 1913.
1431 Composition 1913.
1432 Bois.

HÉLIS (Henri), né à Romorantin (Loir-et-Cher). —
30, rue Vernier, 17ᵉ.

1433 Audierne (temps gris).
1434 Douarnenez.
1435 Pont à Quimperlé.

HÉRING (Magdeleine), née à Neuilly-sur-Seine.
— 8, rue Gally, à Neuilly-sur-Seine.

1436 Etude.
1437 Etude.
1438 Etude.

HERLAUT (Ax), né à Paris. — 15, r. Bernouilli, 8ᵉ.

1439 Vieux moulin, à Carry-le-Rouet, B.-du-R.
1440 Rio Albrizzi (Venise).
1441 Marine.

HERMAIN (André), né à Paris. — 103, rue de Vaugirard, 6ᵉ.

1442 Bords de l'Oise.
1443 Rue à Méry.
1444 Maison à Vaux.

HERMANN (Amélie), née à Paris. — 11, rue de
Cluny, 5°.

    1445 Portrait d'un aveugle.
    1446 Portrait d'un vieillard.
    1447 Portrait d'un borgne.

HERMANOVITCH (Pierre), né à Wilna (Pologne).
— 3, rue Flatters, 5°.

    1448 La tragédie de la Pologne (sculpture).

HERNINDEZ (Marion Tooker de), né à Chicago
Illinois (Etats-Unis). — 70 bis, rue Notre-Dame-
des-Champs, 6°.

    1449 Types d'Espagne.
    1450 Esquisses en Espagne.
    1451 Esquisses en Espagne.

HEROLD (Marguerite), née à Mauves (Loire-Inférieure). — 48, rue Nicolo, 16°.

    1452 Etude.
    1453 Etude.
    1454 Etude.

HERPIN (André), né à Paris. — 39, boulevard
Saint-Jacques, 14ᵉ.

1455 Temps pluvieux sur Bonsecours (Rouen).
1456 Port Kerel (Belle-Isle).
1457 Baie de Goulphar (Belle-Isle).

HERVÉ (Ch.), né en Bretagne. — Maison Pellerin,
30, rue d'Enghien, 9ᵉ.

1458 Bergerie.
1459 Bergers.
1460 Tryptique.

HERVÉ (Julien), né à Basse-Indre (Loire-Inférieure). — 3, place de la Sorbonne, 5ᵉ.

1461 Samson et Dalila (expressionnisme).
1462 Monsieur Vautour et sa dame (expressionnisme).
1463 Notre-Dame.

HERVIEU (Louise), née à Alençon (Orne). — 26,
avenue Reillé, 14ᵉ.

***1464** Dessin (appartient à Mme H.).
1465 Le fauteuil rouge.
1466 Le piano.

HEUZÉ (Edmond), né à Paris. — 38, rue Ramey, 18e.

1468 Femme enfilant son bas.
1469 Panneau de fleurs.

HILLAIRET (Anatole), né à Saujon (Charente-Inférieure). — 23, rue Turgot, 9e.

1470 Paysage d'Auvers-sur-Oise.

HIRSCH (Daniel), né à Paris. — 14, rue Milton, 9e.

1471 Le Rhin à Braubach.
1472 Aux grandes manœuvres.
1473 Repos.

HIRSCH (Louis-Philippe), né à Paris. — 120, rue de la République, à Ermont (Seine-et-Oise).

1474 Mare aux pigeons. (Fontainebleau).
1475 Château de Montsembré (Maine-et-Loire).
1476 Bords de l'Indre.

HOFER (André-Otto), né à Autun (Saône-et-Loire).
— 53, rue de Lancry, 10°.

1477 Illustration (gravure sur pierre).
1478 Illustration (gravure sur pierre).
1479 Illustration (gravure sur pierre).

HOLLEY (Bertha), née aux États-Unis d'Amérique.
— 211, boulevard Raspail, 14°.

1480 Vitrine contenant :

I. Coussin (grand).
II. Coussin (plus petit).
III. Coussin (plus petit).

HOMOLACS (Nina-Alexandrowicz), née en Pologne. — 216, boulevard Raspail, 14°.

1481 Marie-Jeanne (dessin).
1482 Bigoudenne.
1483 Femme de Beuzec.

HOPPE (Erna), née à Hambourg. — 8, chemin Scribe, à Bellevue (Seine-et-Oise).

1484 Les Innocents.
1485 L'onde.
1486 Au Luxembourg.

HORATIEN (F.-C.), né à Buss-Duno (Marche). —
2, rue Brown-Séquard, 15°.

1487 Reconstitution d'un château fort (Italie
antique).
1488 Deux panneaux :
I. Le pigeonnier des Garrêts.
II. Les pignons Nord-Ouest de « Ma Vil-
légiature » (selon la maquette en
cours d'exécution).
1489 Le clocher de Passy-Grigny (crépuscule).

HORATIEN (F.-C.), né à Buss-Duno (Marche). —
2, rue Brown-Séquard, 15°.

***1490** Paysages marchois :
I. Le moulin du bourg d'Hau.
II. Gorges de la Creuse.
III. Vieille ferme (appartient à
M. A. F.
IV. Au pied du Maupuy.
1491 Le champ d'aviation (Vichy). (Souvenir
du pylône, premiers exploits de Paulhan
et Latham sur l'Allier.)
***1492** Le chemin de Vernet (crépuscule).

HOUETTE (Louis-Paul), né à Melun (Seine-et-
Marne). — 3, rue Cauchois, 18°.

1493 Paysage.
1494 Femme sur divan.
1495 Femme par terre.

HOURTAL (Henri), né à Carcassonne. — 9, impasse de l'Enfant-Jésus, 15°.

1496 Fête nationale.
1497 Fête nationale.
1498 Fête nationale.

HUARD (Pierre-Félix). — 5, rue du Montparnasse, 14°.

1499 Paysage.
1500 Paysage.
1501 Fleurs.

HUGARD (Salvador), né à Paris. — 52, rue La Condamine, 17°.

1502 Les dentellières (Hollande).
1503 Vallée du Careï (environs de Meudon).

HUGONNET (Aloys), né à Morges.

1505 Bouquet.
1506 Bouquet.
1507

HUMBLOT (Léon), né à Paris. — 8, rue André-
Gill, 18ᵉ.

    1508 Procession près de Boulogne-sur-Mer
        (pastel).
    1509 L'attente (aquarelle).
    1510 Procession (aquarelle).

HUNTER (Eléonore), née à Boulogne-sur-Mer. —
Chez Mlle Prouvost, 9, r. Victor-Considérant, 16ᵉ.

    1511 Les tabliers bleus.
    1512 Le marché de Montreuil.
    1513 Le marché de Montreuil.

HUNTER (Mme Ida-Clark), née aux Etats-Unis
d'Amérique. — Chez M. Lefebvre-Foinet, 19, rue
Vavin, 6ᵉ.

    1514 Poupées.
    1515 Bébé.
    1516 Bébé.

HUOT (Pauline), née à Paris. — 3, rue Montmorency, 3ᵉ.

    1517 Corbeille de fleurs.
    1518 Petite mousmée (aquarelle).
    1519 Œillets.

HURARD (Antoine), né à Saint-Pierre (Martinique).
— 6, rue Jeanne-d'Arc, à Châteauroux (Indre).

1520 La sieste.
1521 La lecture.
1522 Après-midi d'été.

HURARD (Joseph), né à Avignon. — 24, rue des
Trois-Colombes, à Avignon (Vaucluse).

1523 Martigues.
1524 Rue de Villeneuve-les-Avignon.
1525 Martigues.

HUYOT (Albert), né à Paris. — 11, rue de Condé, 6e.

1526 L'homme et la femme chassée d'Eden.
1527 Peinture.
1528 Peinture.

JACOB (Marthe), née à Sermizelles (Yonne). —
62, rue de Paris, à Vanves (Seine).

*1529 Portrait de C. G.
*1530 Portrait de Mme T.
*1531 Fleurs.

IGOUNET DE VILLERS, né à Paris. — 77, rue
  Dareau, 14°.

    1532 La neige au quai Malaquais.
    1533 Les chalands, un matin, au quai Mala-
            quais.
    1534 Les docks, un soir, au canal de l'Ourcq.

INDENBAUM (Léon), né à Witebsk (Russie). —
  2, passage de Dantzig, 14°.

    1535 Héros biblique (fragment, ciment).
    1536 Héros (plâtre).
    1537 Têtes de Juifs (bas-relief).

ISLE (Charles de l'), né à Paris. — 33, rue du Gé-
  néral-Beuret, 15°.

    1538 Barques de pêche au mouillage (Gran-
            ville).
    1539 Automne (forêt de Wailly, Somme).
  ***1540** Quatre études.

JACQUEMOT (Charles), né à Tours. — 10, rue
  Séveste, 18°.

    1541 Le village (panneau décoratif).
    1542 Brouillard matinal (Normandie).
    1543 Vases de Chine.

JACQUET (Eugène), né à Chimay. — 1, avenue de
la République, 11.

    1544 Faisan blessé.
    1545 Pêches.
    1546 Roses.

JAMBLE (Félix), né à Paris. — 17, rue Keller, 11ᵉ.

    1547 Mimosa en fleurs (Côte d'Azur).
    1548 Après-midi d'été sur la Méditerranée.
    1549 Baie de Cavalaire (Var).

JAMOT (Paul), né à Paris. — 11 bis, avenue de
Ségur, 7ᵉ.

    1550 Aiguebelle (Var).
    1551 Aiguebelle (Var).
    1552 Lac de Genève.

JANKOVICH (Paul), né en Hongrie. — Hôtel de
Notre-Dame, 1, quai Saint-Michel, 5ᵉ.

    1553 Portrait de lui-même.
    1554 Composition.
    1555 Nature morte.

JANSSAUD (Mathurin), né à Manosque (Basses-Alpes). — 15, impasse du Mont-Tonnerre (127, rue de Vaugirard), 15ᵉ.

1556 Hameau de pêcheurs (Bretagne).
1557 Récolte des algues (Bretagne).
1558 Paysage d'automne (Bretagne).

JASMY (Léo-Gabrielle), née à Paris. — 13, rue Washington, 8ᵉ.

1559 Parterre de juillet.
1560 La Toussaint à Venise.
1561 Etude de fleurs.

JASPAR (Marcel), né à Liége. — 69, rue de Douai, 9ᵉ.

1562 Moissonneurs.
1563 Le quai de l'Hôtel-de-Ville.
1564 Sortie de messe.

JAUDIN (Henri), né à Paris. — 35, rue des Arts, à Levallois-Perret (Seine).

1565 Vianden (Grand-duché de Luxembourg).
1566 L'Odet, à Locmaria (Finistère).
1567 Pont de Stalden (Suisse).

JELKA-ROSEN, née à Belgrade (Serbie). — Grez-
Sur-Loing (Seine-et-Marne).

1568 Portrait d'un pêcheur d'huitres.
1569 Etude de femme.
1570 Jardin au printemps.

JOACHIM (François), né à Szeged (Hongrie). —
173, rue Lecourbe, 15e.

1571 Le soir dans le port.

JOIN-LAMBERT (Octave), né en France. — 15,
avenue Malakoff, 16e.

1572 Au soleil.
1573 Le Menez-Hom.
1574 Cadre contenant des pastels.

JOHNSON (Morton), né aux Etats-Unis. — 42, rue
Descartes, 5e.

1575 Paysage.
1576 Paysage.
1577 Paysage.

JOKISCH (Eduard), né à Kosel. — 26, faubourg
Saint-Jacques, 14°.

    1578 Baigneuses.
    1579 Phryné.
    1580 Femme en chemise.

JOLIBOIS (Gaston), né à Versailles. — Kersaint-
Landunvez (Finistère).

    1581 La mer.
    1582 La côte.
    1583 Bord de rivière.

JOLLY (André), né à Charleville (Ardennes). —
Pont-Aven (Finistère).

    1584 Perspective d'automne.
    1585 L'embellie.
    1586 Verdure.

JOLTKEWITCH (Alexandre), né en Wolhynie
(Russie). — 2, passage de Dantzig, 15°.

    1587 Un buste (plâtre).
    1588 La vague (plâtre).
    1589 Suivant les étoiles (ciment armé).

JONES (Bertha.-A.), née en Angleterre. — Rue du
Rivage, à Etaples (Pas-de-Calais).

1590 Les dunes.
1591 Le pont.

JONG (B.-H. de), née à Paris. — 15, rue Boissonade, 6e.

1592 Les danseuses.
1593 Vieux (Volendam).
1594 Etude.

JONVAL (Fernand), né à Paris. — 10 *bis*, rue de
la Passerelle, à Sevran (Seine-et-Oise).

1596 Fleurs.
1597 Carrière.

JOSEPH (Albert), né à Paris. — Avenue de la
Gare, à Moret (Seine-et-Marne).

1598 La roche.
1599 Paysage.
1600 L'avant-port.

JOUANNEAULT (Albert), né à Saumur. — 38, rue
Falguière, 15ᵉ.

    1601 Courtisane (buste de femme égyptienne
          (plâtre).
    1602 Porteuse d'eau, hollandaise (plâtre).
    1603 Vieux mendiant (terre cuite).

JOUBERT (Henri-André), né à Paris. — 40, rue
du Château-d'Eau, 10ᵉ.

    1604 Un cadre contenant :
        Matin (pastel).
        Paysage (crayon).
        Bords de l'Oise (pastel).
    1605 Nature morte (lithographie).
    1606 Javelles (peinture).

JOUHAUD (Léon), né à Limoges. — Rue Georges-
Bonin, à Limoges (Haute-Vienne).

    1607 Le bouquet de pins des Quatre-Vents.
    1608 Peyrat-le-Château.
    1609 Une vitrine contenant des émaux.

JOURDAIN (Francis), né à Paris. — Rue du Chemin-de-Fer, à Esbly (Seine-et-Marne).

    1610 Paysage (peinture à la colle).
    1611 Etude (peinture à la colle).
    1612 Etude (peinture à la colle).

JOUSSET (Frédéric), né à Montjay (Seine-et-Oise).
— 14, rue de Bellechasse, 7ᵉ.

1613 L'église de Saint-Martin.
1614 Petite chapelle bretonne.
1615 Port breton.

JOUSSET, né à Montereau. — 29, rue de l'Echiquier, 9ᵉ.

1616 Le port de Saint-Tropez.
1617 Saint-Tropez et le golfe.
1618 Fleurs sur une table.

KAELIN-WEIS (Ruth), née à la Nouvelle-Orléans (Etats-Unis). — 130, boulevard Montparnasse, 14ᵉ.

*1619 Portrait « Marion ».
1620 Nature morte.
1621 Nature morte.

KARPELÈS (Mlle Andrée), née à Paris. — Chez M. L. Lefebvre-Foinet, 19, rue Vavin, 6ᵉ.

1622 Femme portant des offrandes (Bénarès).
1623 La danse du paon (Udaïpour).
1624 Les camélias.

KAUFFMANN (Philippe). — 31, rue Condorcet, 9e.

1625 La Dourbie.
1626 L'oued Rir.
1627 Marine (Crouzic).

KEC (Yaroslav), né à Labsky-Kostelec (Bohême). —
2, passage de Dantzig, 15e.

1628 Sculpture.
1629 Sculpture.
1630 Sculpture.

KEITH (Boris), né à Simferopol (Crimée). — 2,
avenue Carnot, à Arcueil-Cachan.

1631 Joyeuse compagnie.
1632 Nature morte.
1633 Printemps (assemblage de quatre études).

KELLER (Hans), né à Zurich. — 19, rue Turgot, 9e.

1634 Causerie.
1635 Lionne.
1636 Lion.

KERGUR (S.), né à Lyon. — 139, boulevard Saint-
Michel, 5°

> **1637** La pruderie.
> **1638** Le baiser.
> **1639** Paysage de mer

KERINGER (Albert-Joseph), né à Mulhouse. —
21, rue des Tuyaux, à Laval (Mayenne).

> **1640** Parc de Rouessé, près Laval.
> **1641** Manoir de Rouessé, près Laval.

KERN (Jean), né en Suisse. — 22, rue Tourlaque,
18°

> **1643** Trois études (gravure).
> **1644** Deux effets de givre.
> **1645** Deux effets de givre.

KING (Clarence-Evelyn), né en Angleterre. — 72,
rue de Saint-Germain, à Argenteuil (Seine-et-
Oise).

> **1646** A ship at Sea.
> **1647** A Forest Woman et a boy
> **1648** A Valley

KIRSTEIN (Alfred), né en Allemagne. — Chez
M. Uhde, 2, rue du Cardinal-Lemoine.

1649 Paysage.
1650 Paysage.
1651 Paysage.

KISSLING (Moïse), né à Cracovie. — Céret (Pyrénées-Orientales).

1652 Nature morte.
1653 Paysage des Pyrénées.
1654 Paysage.

KISSLING (Ernest), né à Zurich (Suisse). — 29,
rue Gabrielle, 18°.

1655 Conducteur de chevaux égyptien (plâtre).
1656 Étude pour mon Christ (plâtre).
1657 Buste d'Ève (ciment).

KISSLING (Eugène), né à Châtenois (Alsace). —
8, rue Marie-et-Louise, 10°.

1658 La rivière au printemps.
1659 Bords de l'Orge, à Juvisy.
1660 L'Orge dans la vallée de Savigny.

KLEIN (Jeanne), née à Limoges. — 12, rue d'Antony, à Limoges (Haute-Vienne).

1661 Le modèle.
1662 Femme au livre.
1663 Esquisse.

KLEIN (Victor), né à Paris. — 2, rue Émile-Ménier, 16e.

*1664 Portrait de M. L...
1665 Seugy.
1666 Dessins.

KLEINMANN (Alice-Adèle), née à Paris. — 57, rue Caulaincourt, 18e.

1667 Femme.
1668 Paysage. (monts du Lyonnais).
1669 Paysage.

KLINGSOR (Tristan.-L.), né en France. — 33, rue d'Alésia, 14e.

1670 Marguerites.
1671 Le paysan aux mains croisées sur un bâton.
1672 Dahlias.

KNAPEN (César), né à Gellen (Hollande). — 39, rue
Lamarck, 18e.

1673 Femme assise.
1674 Femme assise.
1675 Sacré-Cœur.

KOGON (Dava). — 39, boulevard Saint-Jacques, 14e.

1676 Tête de jeune fille
1677 Tête.

KOHLER (Albert), né à Bâle (Suisse). — 25, rue
Vavin, 6e.

1678 Rythme gothique.
1679 Lassitude.
1680 Nature morte.

KOLLMANN (J. de), né à Vienne (Autriche). —
34, boulevard de Clichy, 18e.

1681 Nu.
1682 Fleurs.
***1683** Portrait.

KONICEK (Old), né à Prague (Bohême). — Konicek O., Kr. Vinohrady, 16, rue Grégova, Bohême (Autriche).

1684 Baigneuses.
1685 Le tableau.
1686 Le Nu.

KOPP (Mlle Emma), née à Francfort-sur-le-Mein. — Hofheim Taunus 4 Dechweg.

1687 Nature morte.
1688 Roses blanches.
1689 Une vitrine contenant quatorze petits objets d'art, des ouvrages Batiks).

KOROCHANSKY (Michel), né à Odessa (Russie). — A Montigny-sur-Loing (Seine-et-Marne).

1690 En automne.
1691 Bruyères (Forêt de Fontainebleau).
1692 Vers le soir.

KORODY (Elemer), né en Hongrie. — 22, rue Delambre, 14e.

1693 Nu.
1694 Nu.
1695 Portrait.

KOULICH (Meyer), né en Russie). — 60, rue
Vieille-du-Temple, 3ᵉ.

> *1696 Impression en couleurs de l'*Alleluia*, de
>   l'oratorio *Le Messie*, de Hændel.
> *1697 Impression en couleurs de la 5ᵉ partie de
>   *La Sympyonie fantastique*, de Berlioz.
> 1698 Etude.

KOUSNETZOFF (Constantin), né en Russie. —
147, boulevard du Montparnasse, 6ᵉ.

> 1690 Paysage.
> 1700 Paysage.
> 1701 Paysage.

KOZIEROWSKI (Maurice), né à Paris. — 48, rue
d'Orsel, 18ᵉ.

> 1702 L'échafaudage (Vertige et Force).
> 1703 Etude de nu.
> 1704 Giroflées.

KRASZEWSKA (Mme Stanislas-Marie), née à
Varsovie (Pologne). — 6, quai d'Orléans, 4ᵉ.

> 1705 Etude.
> 1706 Etude.
> *1707 Etude.

KROHG (Per), né à Christiania (Norvège). — 9,
rue Campagne-Première, 14°.

1708 Une femme.
1709 Un homme.
1710 Des danseurs.

KROPP (Martha-Elise), née à Aix-la-Chapelle. —
3, rue Vercingétorix, 14°.

1711 Les dunes.
1712 Rocher.
1713 Enfant breton.

KRUSE-YAKIMOVA (Anne-Marie), née à Berlin.
— Chez MM. Chevréry et Guichardaz, 19, rue
Campagne-Première, 14°.

1714 Le cèdre, à Meudon.
1715 Nature morte.
1716 Mimosas.

KUBIN (Otakar), né à Boskovice (Moravie). —
15, rue Boissonade, 14°.

1717 Le semeur.
1718 Les amants.
1719 L'adorateur du soleil.

KUPKA (François), né en Bohême. — 7, rue Lemaître, à Puteaux (Seine).

1720 Plans verticaux.
1721 Le solo d'un trait brun.

LABOUREUR (J.-E.), né à Nantes. — 9 *bis* boulevard Saint-Aignan, à Nantes, et 38, rue de Penthièvre, 8e.

1722 Les matelots ivres.
1723 Les gymnastes. Le clown aux chiens.
1724 Lassitude.

LACOSTE (Charles), né à Floirac (Gironde). — 35, boulevard Pasteur, 15e.

1725 Vallée en Auvergne et la chaîne des puys.
1726 Paysage.
1727 Étude.

LADUREAU (Pierre), né à Dunkerque. — 12, rue de l'Armorique, 15e.

1728 La plage.
1729 La plage.
1730 La plage.

LAFORET (Tony), né à Florence. — 114, rue de
    Vaugirard, 15e.

    1731 Chrysanthèmes.
    1732 Lever de soleil sur la haute montagne
        (Kippel, Suisse).
    1733 Coucher de soleil sur la haute montagne
        (Lotschenthal, Suisse).

LA HOUGUE (Jean de), né à Avranches (Manche).
    — 105, rue Notre-Dame-des-Champs, 6e.

    1734 Intérieur de salon.
    1735 Intérieur.
    1736 Intérieur.

LAIGNEAU (Henry), né à Rambouillet. — 43, rue
    de la Garenne, à Rambouillet (Seine-et-Oise).

    1737 L'automne en forêt, le soir.
    1738 Un chêne à l'automne.
    1739 Chaumières, soir d'automne.

LALLEMAND (Léon), né à Moyeuvre (Lorraine).
    — 131, rue Lafayette, 10e.

    1740 Paysage à Fontenay.
    1741 Paysage breton.
    1742 Ruisseau sous bois.

LAMOTHE (Géo), né à Paris. — 4, rue Steffen, à Asnières (Seine).

1743 Baie de Douarnenez.
1744 Douarnenez.
1745 Tréboul-Ghoose.

LANCY (A. de), né à Châlette (Loiret). — 9, rue Poulletier, 4e.

1746 Gros temps dans la presqu'île de Crozon (Finistère).
1747 Nature morte.
1748 Nature morte.

LANTOINE (Fernand), né à Maretz (France). — 61, avenue du Bel-Air, à Uccle (Belgique).

1749 Le bain.
1750 Femme à la toilette.
1751 La place Rogier, à Bruxelles.

LAPEYRE (Jean), né à Saint-Epain (Indre-et-Loire). — 72, rue des Carreaux, à Fontenay-sous-Bois (Seine).

1752 Paris, Parc Monceau.
1753 Paris, Notre-Dame.
1754 Paris, Le pont Marie.

LAPIERRE (Emile), né à Cette (Hérault). — Villa
« Le Petit Cap-Brun », au Cap-Brun, à Toulon
(Var).

1755 La mer et les dunes au Grau du Roi.
1756 Paysage du Var (automne).
1757 Etude de roses.

LAPORTE (Victor), né à Paris. — 144, rue Lecourbe, 15ᵉ.

1758 Au bois.
1759 Au bois.
1760 Saint-Malo.

LAPPARENT (Paul de), né à Paris. — 21, quai
de Bourbon, 4ᵉ.

1761 Crépuscule sur la Seine.
1762 Bateaux à la Croisette (Cannes).
1763 Chien de temps !

LAPRADE (Pierre), né à Narbonne. — 89, rue du
Cherche-Midi, 6ᵉ, et chez Druet, 20, rue Royale, 8ᵉ.

1764 Etude.
1765 Nature morte.
1766 Nature morte.

LA SERRE (Georges de), né à Rouen. — 58, rue
de l'Université, 7e.

1767 Retour de chasse (Perse).
1768 Conti-Cavalerie, 1750.
1769 Agenais-Infanterie, 1750.

LAURENCIN (Mlle Marie), née à Paris. — 32, rue
Lafontaine, 16e.

1770 Le bal élégant.

LAURENS (Henri), né à Paris. — 4 *bis*, impasse
Girardon, 18e.

1771 Tombeau (sculpture).
1772 Tête d'homme (étude-sculpture).
1773 Cadre de croquis.

LAVALLEY (Paul-Louis), né à Paris. — 6, rue
Bridaine, 17e (anciennement, 75, rue Legendre).

1774 Impression de réveil.
1775 Pomme d'amour (dédié à Mlle Cricri).
1776 Europe (sujet classique).

LAVERRIERE (Ernest), né à Paris. — 62, rue Truffaut, 17ᵉ.

    1777 Paysage.
    1778 Paysage.
    1779 Nature morte.

LAWSON (Cecil C. P.), né à Londres. — 2, rue Cassini, 14ᵉ.

    1780 Le vieux pommier.
    1781 Paysage.
    1782 Marine.

LÉBÉDEFF (Jean), né à Nijni-Novgorod (Russie). — 45, rue Vandamme, 14ᵉ.

    1783 Nature morte.
    1784 Un cadre contenant sept gravures sur bois
    1785 Dessins.

LEBEL (Gustave), né à Paris. — 81, avenue de Villiers, 17ᵉ.

    ***1786** Portait.
    1787 L'île des Pêcheurs.
    1788 Paysage.

LECOQ (Jacques-Marcel), né à Paris. — 25, rue
de Boulainvilliers, 16e.

1789 Mer calme.
1790 Sous-bois au Palis.
1791 Paysage.

LECOURT (Raymond), né au Havre. — A Fontai-
ne-la-Malle. (Seine-Inférieure)

1792 Herseur (semailles de novembre).
1793 Etude de cheval.

LEFEBVRE (Maurice-J.), né à Bruxelles. —
26, avenue des Sept-Bonniers, à Uccle-Bruxelles.

1794 Le lézard vert.
1795 Versailles.
1796 La magicienne (fait partie d'un ensemble
décoratif).

LEFÈBRE (Wilhem), né à Francfort-sur-le-Mein.
— 30, boulevard Bourdon, à Neuilly-sur-Seine.

1797 Etreinte (peinture).
1798 Taquinerie (dessin).
1799 Les grands chats (dessin).

LEFÈVRE (Alfred-Simon), né à Sinceny (Aisne).
— 33, boulevard des Batignolles, 8e.

1800 Matinée à Clamart.
1801 Issy-les-Moulineaux (coteaux).
1802 Coteaux, Val-Fleury.

LEGGETT (Miss Rowley), née à Londres. —
Mackies Hill-Peaslake, Surrey (Angleterre).

1803 Femme assise.
1804 Paysage.
1805 Paysage.

LEGRAND (Mlle Juliette), née à Vassy (Calvados).
— A Vassy (Calvados).

1806 Cueillette d'été.
1807 Envoi de Nice.
1808 Crevettes roses.

LEGRAS DE LÉGER (André), né à Orléans. —
8, rue Saint-Charles, à Versailles (Seine-et-Oise).

1809 Vitrine céramiques peintes.

LEGUILLON (Paul), né à Paris. — 90, boulevard
Pereire, 17e.

1810   Les collines le soir (Dordogne).
1811   Le soleil sur la fontaine (Dordogne).
1812   Soir d'été (Dordogne).

LEHRE (Wanda), née à Dantzig (Allemagne). —
2, passage de Dantzig, 15e.

1813   L'héritier du glaive.
1814   Au fond du vieux jardin.
1815   Roi grenouille amoureux (aquarelle).

LE LIEPVRE (Jehan), né à Valenciennes (Nord).
— 59, avenue de Saxe, 7e.

1816   Angles-sur-Auglin (Poitou).
1817   La Loire en Anjou.
1818   Le val de Monténeau (Poitou).

LEJEUNE (Henri-Pierre), né à Saint-Ouen (Seine). — 54, rue Lamartine, 9e.

1819   Nymphes et faunes (projet décoratif).
1820   Pointe de Kergroix (Quiberon).
1821   Rochers de Port-Blanc (Quiberon).

LELIO. — 55, rue de Dantzig, 15e.

1822 Le soir (Cévennes).
1823 Le gué de Lavernière.
1824 Paysage cévenol.

LEMAIRE (Arthur), né à Rambluzin (Meuse). —
8, rue Chevreul, 11e.

1825 Etude, Melon et Pot.
1826 Etude, Dahlia.
1827 Etude, Œillets.

LEMOIGNE (Mlle Mathilde), née à Paris. — 56,
boulevard Barbès, 18e.

1828 Eglise Saint-Séverin.
1829 Luxembourg.
1830 Conciergerie.

LEMPEREUR (Sébastien-Edouard), né à Cierp
(Haute-Garonne). — 85, rue de la Boëtie, 8e.

1831 Ayscha.
1832 Petit Chaperon rouge.
1833 Ondine.

L'ENFANT (Marcel), né à Paris. — 102, rue Michel-Bizot, 12e.

> **1834** Vieux pont sur l'Yerres (Boussy-Saint-Antoine).
> **1835** Chrysanthèmes.
> **1836** Roses d'hiver.

LENOIR (Marcel), né à Montauban. — 7 *ter*, villa Brune, 14e.

> **1837** La toilette.
> ***1838** Les coquelicots (appartient à M. E. Hubert de Vauthier).
> **1838** *bis* Portrait de fillette.

LENOIR (Mlle Mathilde), née à Paris. — 12, rue d'Auteuil, 16e.

> **1839** Vue sur l'oued Biskra.
> **1840** Portrait de Berbère (Biskra).
> **1841** Sur la terrasse (Biskra).

LENOIR (Mlle Suzanne), née à Paris. — 19, rue de Médicis, 6e.

> **1842** Heure intime.
> **1843** Pommiers en fleurs.
> **1844** Le sentier.

LÉO (Jean), né à Paris. — 30, avenue Malakoff, 16e.

1845 Matin d'été.
1846 Fleurs.
1847 Normandie.

LEPETIT (A.-M.), né à Fallencourt (Seine-Inférieure). — 71, rue Cardinal-Lemoine, 5e, et à
La Frette (Seine-et-Oise).

1848 Le vieux ménage.
1849 Bords de Seine (neige).
1850 Après déjeuner (automne).

LE PETIT (Maurice), né à Boulogne-sur-Mer. —
25, rue Madame, 6e.

1851 Une allée des remparts de Boulogne.
1852 Coin de remparts à la fin du jour.
1853 Vieux ormes et vieux murs.

LÉPINE (Joseph-Louis-François), né à Rochefort-
sur-Mer. — 203, boulevard Raspail, 14e.

1854 La maison près de la mer (Finistère).
1855 La fenêtre ouverte (nature morte).
1856 La chapelle en ruines (Finistère).

LEPREUX (Albert), né à Meaux. — A Monthyon
(Seine-et-Marne).

1857 Soir à Monthyon.
***1858** Les peupliers, à Monthyon (appartient
à Mme Michelot).
***1859** Les maïs, à Monthyon (appartient à
Mlle Marlot).

LERÉ (Léon), né à Paris. — 27, rue du Mail, 2ᵉ.

1860 La vieille église à Maisons-Laffitte.
1861 La Seine à Sartrouville.

LEROI (Auguste), né à Paris. — 30, rue Notre-
Dame-de-Nazareth, 3ᵉ.

1862 Marée montante (Le Portel).
1863 Sous bois (Le Vésinet).
1864 Soleil couchant (Le Vésinet).

LEROUILLÉ (Maurice), né à Versailles. — 160, rue
Oberkampf, 11ᵉ.

1865 Le printemps au Jardin de Diane, Fontainebleau.
1866 Matinée de juin, parc de Fontainebleau.
1867 Matinée de juin au Pont-Royal, Paris.

LEROY (Amélie), née à Paris. — Wisham Close, à Winchester (Angleterre), et chez M. Piettre, 59, rue de Châteaudun, 9e.

1868 Un cadre :
  I. Merci, Saint-Yves (Bretagne).
  II. Marché (Bretagne).
  III. Chartres.
  IIII. Rouen, cloître Saint-Maclou.
1869 Un cadre :
  I. Dordrecht (Hollande).
  II. Porte de Moret.
  III. Une vieille rue (Bretagne).
  IV. Rouen, cloître Saint-Maclou.
1870 Une rue à Winchester (Angleterre).

LESCAFFETTE (Charles), né à Réchésy (Haut-Rhin). — 45, rue de Bagneux, à Montrouge (Seine).

1871 Roses dans un verre d'eau.
1872 Éventail japonais.
1873 Raisins.

LESCHTINSKY (Oscar), né à Rostoff-sur-Don (Russie). — 43, rue du Cherche-Midi, 6e.

1874 Nature morte.
1875 La vie du poète.
1876 La mort du poète.

LESON. — 1, rue Bausset, 15°.

1877 Paysage.
1878 Paysage.
1879 Paysage.

LE SOURD (René), né à Vals (Ardèche). — 58, rue de l'Université, 7°.

1880 Six portraits (crayon).
1881 La robe de grand'mère (crayon).
1882 Portrait (huile).

LEUDET (Jacques-T.), né à Paris. — 6, rue Aumont-Thiéville, 17°.

***1883** Portrait de Mlle M. B... (appartient à Mme Ch. Bourgoise.
1884 Place de la fontaine, à Concarneau.
1885 Hôtel des Voyageurs, à Concarneau.

LEVEILLÉ (André), né à Lille (Nord). — 18, boulevard Magenta, 10°.

1886 Les meules.
1887 Bord de route.
1888 Etude.

LEVENS (Louis), né à Auch. — 32, rue de Cronstadt, à Courbevoie (Seine).

> ***1889** Saint-Jean, cap Ferrat (appartient à M. Bourdin).
> ***1890** Saint-Jean, cap Ferrat (appartient à M. Leroux).

LEVY (Lazare), né à Odratzheim (Alsace). — 21, rue Condorcet, 9e.

> **1891** Romanichelle.
> **1892** La femme à l'écharpe.
> **1893** Le joueur de flûte.

LEWITSKA (Sonia), née en Pologne. — 14, rue Burq, 18e.

> **1894** Paysage.
> **1895** Paysage.
> **1896** Nature morte.

LEYMARIE (Alfred). — 54, rue Grange-Garat.

> **1897** Feuilles d'automne.
> **1898** Soirée d'hiver.
> **1899** Le vieux Versaillais.

LHOTE (André), né à Bordeaux. — 50, rue Vercingétorix, 14e.

1900 Escale.
1901 Portrait.
1902 Port.

LIEROW (Mme Anny-Francillon), née à Berne. —
10, rue de la Tombe-Issoire, 14e.

1903 Honfleur.
1904 La barque (effet).
1905 Trois-aquarelles.

LINGET (Hélène), née à Orléans. — 79, rue
d'Amsterdam, 8e.

1906 Rochers du Trayas.
1907 Cyclamen.
1908 Chrysanthèmes.

LLENSA (François), né à Blanès (Espagne). —
32, avenue Gambetta, 20e.

1909 Le pont Marie.
1910 La poterne à Moret.
1911 Les remparts à Moret.

LLOYD (Otho), né à Londres. — 45, rue de Sèvres, 6e.

1912 Portrait.
1913 Etude.
1914 Etude.

LOCQUIN (Maurice), né à Nevers. — 21, rue Valette, 5e.

1915 Une rue du vieux Nevers.
1916 L'église Sainte-Geneviève (Paris).
1917 Un coin du vieux Nevers.

LODRON (Ilse), né à Christiania. — 49, rue Gazan (Villa Corot), 14e.

***1918** Portrait.
1919 Maternité.
1920 Nu.

LORIN (Georges), né à Auxerre (Yonne). — 181, rue de Courcelles, 17e.

1921 La patrie.
1922 L'ange du bizarre.
1923 L'oiseau bleu.

LOTIRON (Robert), né à Paris. — 41, rue Bayen, 17°.

    1924 La cité.
    1925 Nus.
    1926 Le Pont-Neuf.

LOUISCADOT (B.), né à Levallois-Perret. — 38, rue de Turin, 8°.

    1926 *bis* Essai (fleurs).

LOUIS-MION, né à Lyon. — 20 *bis*, rue Gravel, à Levallois, et à Valence (Drôme).

    1927 Calme crépusculaire.
    1928 Derniers rayons.

LOURIER (Mme Jeanne), née à Nancy (Meurthe-et-Moselle). — 6, rue Pétrelle, 9°.

    1929 Dans le jardin.
    1930 Le dessert.
    1931 Œillets.

LUCE (Maximilien), né à Paris. — 102, rue Boileau, 16°.

1932 Chantier, pont Mirabeau.
1933 Terrassiers au repos.

LUDLOW (Mlle Mary-Sophia), née en Angleterre. — A Monneville (Oise).

1934 Anémones.
1935 Paysage.
1936 Paysage.

LUZO (Mme Mag.), née à Aix-en-Provence. — Villa Belle-Vue, à Saint-Tropez (Var).

1937 Le Japon en famille.
1938 Japonaises au soleil levant.
1939 Japonaises anx masques.

MACANA (Marie-Anne), née en Argentine. — 34, rue Desbordes-Valmore, 16°.

1940 La môme à Sacha.
1941 Ebauche.
1942 Ebauche.

MACHOTKA (Carola), né à Zlemic en Bohême. — 6, rue Schœlcher, 14e.

1943 Nature morte.
1944 Tulipes.
1945 Jeune fille à la fenêtre.

MAC-NEILL (Vera), née en Angleterre. — 18, rue du Val-de-Grâce, 5e.

1946 Peinture.
1947 Peinture.
1948 Peinture.

MADELAIN (Gustave), né à Charly (Aisne). — 81, boulevard de la Gare, 13e.

1949 La Seine au pont de Bercy, soleil levant, hiver 1913 (pastel).
1950 Le marché Saint-Médard (matinée de janvier).
1951 La rue Mouffetard (février 1913).

MAGNIER (Charles-Ernest), né à Paris. — 46, rue du Château-d'Eau, 10e.

1952 Effet de cuivre.
1953 Effet de neige (étude).

MAGNUS (Mlle Germaine), née à Paris. — 140, rue du Faubourg-Poissonnière, 10e.

1954 Nature morte.
1955 Nature morte.
1956 Nature morte.

MAHN (Berthold), né à Paris. — 27, rue de Seine, 6e.

1957 Paysage (Auvergne).
1958 Paysage.
1959 Etude.

MAILFAIRE (Louis), né à Paris. — 6, rue Pruvot, à Vanves (Seine).

1960 Bord d'étang.
1961 Paysage à Chaville (S.-et-O.).
1962 Soleil couchant.

MAINSSIEUX (Lucien), né à Voiron. — Voiron (Isère). Adresse constante pour cet hiver : Roma fermo posta.

1963 La Grenobloise (Dans la campagne enso-
leillée).
1964 La moisson.
1965 Le bois en juillet (effet de soleil voilé).

MAKOWSKI (Joseph-Thade), né à Cracovie (Pologne). — 4, rue Huyghens, 14e.

1966 Paysage.
1967 Femme aux seaux.

MALÉAS (Constantin), né à Constantinople. —
Chez M. Giot, 44, boulevard Roy, à Livry (Seine-
et-Oise).

1968 Objets de Hammam (nature morte).
1969 Maison du Liban.

MALEVILLE (Lucien de), né à Périgueux (Dordogne). — 27, avenue d'Antin, 8e.

1970 Vieilles maisons (Dordogne).
1971 Pochade à Souillac (Lot).
1972 Pochade en Garladais (Dordogne).

PAUL-MANCEAU, né à Loches (Indre-et-Loire).
— 12, rue de Bellechasse, 7e.

1973 Bords du Rhin à Saint-Goar.
1974 Venise.
1975 Bruges : Le Pont de la Chevalerie.

MANGIN (Paul-Emile), né à Paris. — 3, cour de
Rohan, 6e.

    1976 Vitrine contenant des objets d'art en mé-
tal.

MARBRIER (Auguste-Charles), né à Lille. — 68,
rue de Châtillon, à Clamart (Seine).

    1977 Meudon, de la ferme de Trivaux.
    1978 Clamart, sur le plateau.

MASEREEL (Frans), né à Blankenberghe. — 69,
rue de la Convention, 15e.

    1979 Sortie d'usine.
    1980 Coucher de soleil.
    1981 Les expulsés.

MARCELIN (Jacques), né à Paris. — 89, boulevard de l'Hôpital, 13e.

    1982 Le moulin de la Rive (Bretagne).
    1983 Ferme à Carantec (Bretagne).
    1984 Plage du Toulinguet à Camaret.

MARCHAL (Achille-Gaston), né à Saint-Denis
(Seine). — A Férolles, par Crécy-en-Brie (Seine-
et-Marne).

1985 Moulin sur le Morin.
1986 La Chapelle.
1987 Férolles.

MARCHAND (Jean-Hippolyte), né à Paris. — Chez
M. Marseille, 16, rue de Seine, 6e.

1988 Paysage.
1989 Etude.
1990 Etude.

MARC-MORÈS (André), né à Arles-en-Provence.
— 35, rue Capron, 18e.

1991 Le soldat Lavalley (portrait).
1992 Dessin.
1993 Dessin.

MARCOLESCO (Georges), né à Bucarest. — 3, rue
Mariotte, 17e.

1994 Déjeuner.
1995 Nu.
1996 Manette.

MARCOUSSIS (Louis), né à Varsovie. — 33, boulevard de Clichy, 9e.

1997 Le violon rouge.
1998 Nature morte.
1999 Nature morte.

MAR-GIT, né à Paris. — 85, rue Lafontaine, 6e.

2000 La lettre.
2001 Le matin.
2002 La toilette.

MARGUERÉ (Henry), né à Paris. — 80, rue de Paris, à Verrières-le-Buisson (Seine-et-Oise).

2003 La colombe.
2004 Nature morte (poires).
2005 Nature morte (citrons).

MARINOT (Maurice), né à Troyes. — 5, petite-rue Bégand, à Troyes (Aube).

2006 Une vitrine contenant des verreries émaillées (verrerie de Bar-sur-Seine).

MARKOWITCH (Catherine), née à Voskovski
(Russie). — 20 *bis*, rue Boissonade, 14ᵉ.

2009 Négrillon.
2010 Juive.
2011 Buste de jeune femme.

MARQUE (Maurice), né à Rueil (Seine-et-Oise). —
70, avenue du Maine, 14ᵉ.

2012 Femme en blanc.
2013 Femme en noir.

MARRE (Henri), né à Montauban. — 1, rue de la
Comédie, à Montauban (Tarn-et-Garonne).

2014 L'Eglise de Saint-Côme (Aveyron).
2015 Intérieur.
2016 Clocher de Rodez.

MARSHALL (T.-William), né à Donisthorpe. —
Villa des Cappuccini, près Bastia (Corse).

2017 Cyprès (Couvent de Bastia), Corse.
2018 Bastia à travers les arbres (Corse).
2019 La route de Saint-Florent (Corse).

MARTIN (Abel-Raoul), né à Troyes (Aube). — 4, rue Guilleminot, 14e.

2020 Les vieilles maisons.
2021 Quai de Passy.
2022 Étude de paysage.

MARTIN (René-Claude), né à Paris. — 280, boulevard Raspail, 14e.

2023 Nature morte.
2024 Paysage (rivière).
2025 Étude.

MASSIN (Louis-Eugène-Pierre), né à Paris. — 95, rue de Vaugirard, 6e.

2026 Le port d'Audierne.
2027 Concarneau.
2028 Le point d'Irlande (Audierne).

MASSON (Mlle Edmée), née à Genève. — 35, Grand'rue, à Genève (Suisse).

2029 Au pied du Jura.
2030 Pierredar-Diablerets.

MASURE (Georges-Paul), né à Paris. — 195, rue
de Vaugirard, 15°.

2031 Conte de grand'mère.
2032 Fleurs et japonneries.
2033 Repos de la cigale.

MAURIN (Camille), né à Paris. — 28, boulevard
Exelmans, 16°.

2034 Un coin de la forêt de Clamart (huile).
2035 Etang de Villeneuve (effet du soir), pastel.
2036 Etang de Villeneuve (effet du matin), pastel.

MAUSON (R.-M.), né en Angleterre. — Au Grand-
Moulin, à Pont-l'Abbé (Finistère).

2037 Paysage.
2038 En Bretagne.
2039 Tête d'enfant (esquisse au pastel).

MAX-AARY, né à Toulouse. — 48 *bis*, rue de
Metz.

2040 Une jeunesse (statuette plâtre rose).
2041 Femme assise (statuette plâtre patiné).
2042 Esclave (statuette plâtre patiné).

MAY (Philip), né à Hampton Wick. — Route de
la Belle-Isnarde, à Saint-Tropez (Var).

2043 Golfe de Saint-Tropez (avant le mistral).
2044 Saint-Tropez de Sainte-Anne.
2045 Saint-Tropez, pointe des pêcheurs.

MAZARD (Alphonse-Henri), né à Paris. — 48, rue
de Vanves, 14ᵉ.

2046 Printemps, Les Murs (S.-et-O.).
2047 Automne, près la Ferté-Alais.
2048 Aux Sables-d'Olonne (Vendée).

MAZEL (Mlle Denise), née à Noirville (Somme). —
139, boulevard Pereire, 17ᵉ.

***2049** Portrait de Mlle M. B... (appartient à
Mlle B...)
***2050** Deux esquisses (crayons) pour les illus-
trations de : « En cent ans ».
2051 Une vitrine contenant :
    I. Un couvre-théière, cuirs et cuivres dé-
corés.
    II. Une croix byzantine cuivre et cabo-
chons.
    III. Un coffret velours, cuivres et cabo-
chons.

*IV. Un coffret cuivres et cabochons
(appartient à Mlle B.).
V. Un petit vase cuivre et cabochons.
*VI. Un autre vase (appartient à
Mme D. de N.).

MEJA (Gil), né à Rouen. — 8 *bis*, rue Campagne-
Première, 14ᵉ.

*2052 Jeune femme.
2053 La rue Fromentel.
2054 Matin au pays Basque.

MEISEL (Jules), né à Vienne (Autriche). — 2, pas-
sape de Dantzig, 15ᵉ.

2055 Dessin.
2056 Dessin.
2057 Dessin.

MELLER (Wadime), né à Saint-Pétersbourg. —
9, rue Campagne-Première, 14ᵉ.

2058 Deux femme, panneau décoratif.

MELZER (Moriz), né à Trantenan (Autriche). — 16, rue Perceval, 14ᵉ.

2061 Femme avec enfant.
2062 Madonna.
2063 Pilage de l'amie.

MENNI (Jean), né à Samaden (Suisse). — 146, rue de Rennes, 6ᵉ.

***2064** La sorcière aux renards.

MERCIER-LACHAPELLE (Alexandre), né à Cognac. — 3, rue des Huissiers, à Neuilly-sur-Seine.

2065 Le Montmartre qui s'en va !
2066 Le Montmarte qui s'en va !
2067 Aquarelles.

MÉRIC (Paul), né à Beaumont-de-Lomagne (Tarn-et-Garonne). — A Butry, par Auvers (Seine-et-Oise).

2068 Bords de l'Oise au pont Mériel.
2069 Soleil couchant dans la plaine.

MERLAUD (Camille), né à Verteillac. — A Verteillac (Dordogne).

2070 Les foins.
2071 Les foins.
2072 Paysanne triant des légumes.

MERODACK-JEANEAU (Alexis), né à Angers. —
26, rue de la Chalouère, à Angers (M.-et-L.).

2073 L'écuyère verte.
2074 Miss Gaby dans la danse du clown (sculpture).

MEROVITCH (Moïse), né en Russie. — 68, rue
de Gergovie, 14e.

2075 Fleurs.
7076 Le tailleur (intérieur).
2077 Le cordonnier (intérieur).

MERTON (Owen), né à Christchurch (Nouvelle-
Zélande). — 59, rue Bonaparte, 6e.

2078 The lotus eaters (aquarelle).
2079 Pont Neuf et Louvre, Paris.
2080 Moulin à vent.

MESSEMIN (Eugène), né à La Chapelle-Saint-
Mesmin (Loiret). — 13, place du Marché, à Saint-
Denis (Seine).

2081 Dragueur de sable en Loire (gravure en
couleur).
2082 Lever de lune sur la Loire.
2083 Bord de Loire.

MESTRALLET (Paul-Louis), né à Paris. — 23,
rue de Vaugirard, 6e.

2084 Vue de Paris.
2085 Marine (Paimpol).
2086 Fleurs.

METZINGER (Jean). — 121, avenue Félix-Faure,
15e.

2087 L'oiseau bleu.
2088 Paysage.
2089 Nature morte.

MEUNIÉ (Paul-Henri), né à Paris. — 4, rue Pi-
cot, 16e.

2090 Un complot.
2091 Paysage.

MEUWISSEN (Hubert), né à Anvers (Belgique). —
11, rue d'Armaillé, 17e.

> **2092** Retour des champs.
> **2093** Sur le chemin de halage.
> **2094** Tournesols.

MEYER (André), né à Paris. — 12, rue Poulletier, 4e.

> **2095** Etude pour un portrait.
> **2096** Etude pour un portrait.

MIAMLINE (Lydie), née à Rostoff-sur-le-Don (Russie). — 54, avenue du Maine, 14e. (Académie russe).

> **2097** Au rouge.
> **2098** La jalousie.
> **2099** L'étude (tête dorée).

MICHELIN (Hippolyte), né à Nontron (Dordogne). — 36, rue Chevert, 7e.

> ***2100** Etang au Champ de Mars (appartient à M. André Donne).
> **2102** Pastorale en Périgord.
> **2103** La Thève (forêt de Chantilly).

MIESZKOWSKI (Joseph de), né en Pologne. —
1, carrefour de l'Odéon, 5ᵉ.

2104 La composition.
2105 La composition.
2106 La composition.

MIGNON (Jules-Albert), né à Angers. — 17, rue
Campagne-Première, 14ᵉ.

2107 Femme nue.
2108 Femme nue couchée.

MIGNON (Lucien), né à Angers (Maine-et-Loire).
— 5, quai Montebello, 5ᵉ.

2109 Etude de chrysanthèmes.
2110 Profil de femme.
2111 Portrait de M. Renoir.

MIGNOTE (Lucien), né à Nailly, arrondissement de
Sens (Yonne). — 17, rue Pasteur, 11ᵉ.

2112 La mine.
2113 Mes moutons.
2114 La rue des Tanneurs, Amiens.

MIKLOS (Gustave), né à Budapest. — 158, rue
Saint-Jacques, 5°.

    2115 Portrait de Mlle M. M.
    2116 Étude de nu.

MILANOLO (Ch.-J.), né à Moulins (Allier). —
55, rue Pape-Carpentier, à Moulins (Allier).

    2117 Ma serre.
    2118 Le repos.
    2119 Portrait de Mme B.

MILLARD (Ernest-Jean-Marie), né à Paris. — 7,
boulevard Arago, 13°.

    2120 Chrysanthèmes (aquarelle).
    2121 La rue de l'Archevêché, à Nevers (aqua-
        relle).
    2122 Un jour de foire, à Nevers (aquarelle).

MILLON (Joseph), né à Lyon (Rhône). — 205, rue
de Tolbiac, 13°.

    2123 Panthère (bronze).
    2124 Vitrine contenant :
        I. Chat (bronze).
        II. Chat (bronze).
        III. Chat couché (bronze).
        IV. Femme accroupie (plâtre).

MILLOT (Eugène-Charles), né à Paris. — 6, rue de Fécamp, 12ᵉ.

2125 Portraits en plein air.

MIOT (Pierre-Charles), né à Langres (Haute-Marne). — 28, boulevard Saint-Germain, 5ᵉ.

2126 Fascination.

MIRO (Gaspar), né à Villanueva y Geltru (Espagne). — 15, rue de l'Echiquier, 9ᵉ.

2127 Venise (Riva degli Schiavoni)
2128 Venise (Ponte di Rialto).

MOHRIEN (Achille), né à Paris. — 1 *bis*, rue Saint-Gilles, 3ᵉ.

2129 Chez le jardinier.
2130 A la fenêtre.
2131 Dans le jardin.

MONDRAL (Charles), né à Varsovie. — 2, passage de Dantzig, 15ᵉ.

2132 Tête en marbre.
2133 Tête en plâtre.
2134 Les eaux-fortes et les pointes sèches.

MONDRIAN (P.).

    2135 Arbre.
    2136 Arbre en fleurs.
    2137 Femme.

MONDSZAJN (Szamaj), né à Lublin (Pologne). —
9, rue Blainville, 15e.

    2138 Nature morte.
    2139 Tête de jeune fille (antiquité).
    2140 Portrait de Paul Aeschimann.

MONIER (Camille), né à Montpellier. — Villa Bellevue, à Sanary (Var).

    2141 Scié.
    2142 Pins à Sanary.
    2343 Cabanon sous les pins.

MONTAG (Charles), né à Winterthur (Suisse). —
77, rue Pigalle, 9e.

    2144 Femme couchée.
    2145 Cap Roux.
    2146 Le compotier.

MONTALBAN (Jean), né à Paris. — 58, rue du
Surmelin, 20°.

    2147 Le matin place de la Bastille.
    2148 Les moutons.
    2149 Matinée aux environs de Meaux.

MONTEXIER (G.-S.), né à Paris. — 81, rue des
Saints-Pères, 6°.

    2150 Intérieur.

MONTÉZIN (Alfred), né en Angleterre. — 10, rue
Caplat, 18°.

    2151 Cerises et fleurs.
    2152 Nature morte.
    2153 Des oranges.

MONTIGNY (Mlle Jenny), née à Gand (Belgique).
— A Deurle (Belgique).

    2154 Mère et enfants (intérieur rustique).
    2155 La cuisine.

MONTORY (René), né à Paris. — 115, rue Notre-Dame-des-Champs, 6e.

    2156 Matin à Oria.
    2157 Soir au lac de Garde.
    2158 Route à Finhauts (Valais).

MOREAU (Gaston-Auguste), né à Paris. — 28, rue Traversière, 12e. A partir du 15 avril : 254, avénue Daumesnil, 12e.

    2159 Lendemain de noce.
    2160 Effet du matin (Sainte-Eulalie-en-Royan).
    2161 Effet du soir (Sainte-Eulalie-en-Royan).

MOREAU (Louis), né à Châteauroux. — 77 bis, rue Voltaire, à Levallois-Perret (Seine).

    2162 Allons les chœurs ! (sépia).
    2163 La demie à Levallois (aquarelle).
    2164 Le vieux pommier (aquarelle).

MOREAU (Luc-Albert), né à Paris. — 15, rue du Cherche-Midi, 6e.

    2165 Trois nus groupés.
    2166 Profil.

MOREAU-LEFEBVRE (Mme Gabrielle), née à Paris. — 39, quai de l'Horloge, 1er.

2167 Pêches et raisin.
2168 Route de Lyons-la-Forêt à Saint-Léger.
2169 Fleurs.

MOREAU-PIGNARD (Gustave), né à Nieul-sur-Mer (Charente-Inférieure). — « Le Niandan », à Nieul-sur-Mer (Charente-Inférieure).

2170 Premiers rayons.
2171 Au crépuscule.
2172 Le vivier.

MORINET (Georges), né à Ruffec (Charente). — Boulevard de la Chézine (Villa Jeannette), à Nantes (Loire-Inférieure).

2173 Potière (en Bretagne).
2174 La femme.
2175 Le modèle.

MORIN (Fernand).

2176 Chaumière bretonne.
2177 Clair de lune.
2178 Paysage breton.

MORLET (Maud), née à Villeneuve-sur-Yonne. —
8, rue Baudin, 9e.

2179   Nature morte.
2180   Nature morte.
2181   Nature morte.

MORLEY (Jacques), né à Paris. — 18, avenue
Niel, 17e.

2182   L'embouchure de la Slack à Ambleteuse.
2183   Le pont de Neuville-sur-Oise.
2184   La baie de la Forêt, à Beg-Meil.

MORTENSSON-BRUMMER (Beata), né à Lund
(Suède). — 53, rue Notre-Dame-des-Champs, 6e.

2185   Fleurs.
2186   Un jardin.
2187   Fleurs.

MORTIER (Henry-Robert), né à Nice (Alpes-Maritimes). — 55, rue de Lille, 7e.

*2188   Le village près de la forêt.
2189   Pot et fleurs.
2190   Maison et jardin.

MORTIMER-GRONOW, né à Paris. — 39, rue Washington, 8ᵉ.

2191 Paysage de Creuse (le torrent).
2192 Paysage de Creuse (automne).
2193 La soudure.

MOULINES (Jean-Etienne), né à Béziers. — 17, rue Saint-Senoch.

2194 Serre (azalées en fleurs).
2195 Maison cévenole.
2196 Fruits.

MOUTHIER (Hippolyte-Louis), né à Grenoble. — 10, rue Corvisart, 13ᵉ.

2197 Glacier de la Meige, vu du Ventelon (Dauphiné).
2198 Nature morte.
2199 Etudes de montagne (Dauphiné).

MUJICKA (André). — 20, rue Ernest-Cresson, 14ᵉ.

2200 Goûter.
2201 Le Colisée (Rome).
2202 Eymoutiers, l'église.

MUSSA (P.), né à Paris. — 109, avenue Mozart, 6e.

    2203 Souk-el-Arba, marché du mercredi (Maroc).

    2204 Au bord de l'Oued Regreg.

    2205 Marché couvert (Maroc).

NADELMAN (Eli), né à Varsovie. — 15, rue Boissonade, 14e.

    2206 Femme (sculpture).

    2207 Femme (sculpture).

    2208 Composition des formes (dessin).

NALEVO (Marc), né à Nicolaeff (Russie). — 2, passage de Dantzig, 15e.

    2209 Nature morte (oranges et pommes).

    2210 Nature morte.

    2211 Nature morte (masque et fleurs).

NAMUR (Paul-Franz), né à Valenciennes). — 68, rue Spontini, 16e.

    2212 Adam et Ève.

    2213 Portrait de Brunelleschi.

NICOD (Eugène), né à Lyon. — 71, boulevard
Saint-Michel, 5e.

2214 Princesse au rossignol.
2215 Fantoches.
2216 Au jardin.

NICOT (Louis-Henri), né à Rennes. — 11, passage
Alexandre, 15e.

2217 Après le bain (marbre) (original).
2218 Tête d'enfant (plâtre).
2219 Vitrine contenant :

I. Lévrier (porcelaine émaillée).
II. Lévrier (bronze et marbre).
III. Chèvre (plâtre).
IV. Génisse.
V. Veau normand.

NORMAND (Constant), né à Paris. — A Dieppe-
dalle (Seine-Inférieure).

2220 Lilas et ravenelles.
2221 Fleurs (aquarelle).
2222 Environs de Talmontiers (Oise) (fusain)

NOURIGAT (Emile), né à Maraussan (Hérault). —
15, rue Payenne, 3°.

    2223 Apollon et Daphné.
    2224 Silène.
    2225 Suzanne et les vieillards.

OBERTEUFFER (Mme H.-Amiard), née au Havre.
— 17, rue Boissonade, 14°.

    2226 Fillette à la poupée.
    2227 Nature morte.
    2228 Etude.

OBERTEUFFER (George), né à Philadelphia (Amérique). — 17, rue Boissonade, 14°.

    2229 Paysage.
    2230 Etude.
    2231 Paysage (hiver).

OFFNER (Georges), né à Nanterre). — 73, rue
Caulaincourt, 18°.

    2232 Le sentier dans la dune.
    2233 Peupliers en hiver.
    2234 Versailles en automne.

ORGAZ (Pascal), né à Bayonne (Basses-Pyrénées).
— 4, rue de la Jonquière, 17e.

2235 L'église de Saint-Désiré et la Touques, à
      Lisieux.
2236 Nature morte.
2237 Nature morte.

ORTIZ DE ZARATE (Manuel), né au Chili. —
1, rue Leclerc, 14e.

2238 Danse orientale.
2239 Etude.
2240 Etude.

OSMOND (Maurice), né à La Meauffe (Manche).
— 52, rue Vercingétorix, 14e.

2241 Vendangeur (bronze).
2242 Cérès (bronze).
2243 Bacchus (bronze).

OSTROWSKAIA (Nadejda), né à Jalta (Russie).
— 11, rue Belloni, 15e.

2244 Douleur.
2245 Tristesse.
2246 Le maître.

OTT (Lucien), né à Paris. — 23, rue de Crosnes, à
Villeneuve-Saint-Georges (Seine-et-Oise).

2247 Suippes (Marne) (aquarelle).
2248 Saint-Hilaire-le-Grand (Marne) (aquarelle).
2249 Le Long Boyau (Fontainebleau).

OTERO (Jaime), né en Espagne. — 2, passage de
Dantzig, 15e.

2250 L'Annonciation (bas-relief).
***2251** Portrait de l'artiste peintre (Alma Do-
lores Moucha).
***2252** Portrait de Mme P.

OTTMANN (Henry), né à Ancenis (Loire-Inférieure). — 26, rue Gambetta, à Meudon (Seine-et-
Oise).

2253 Nature morte (aux rougets).
2254 L'étude.
2255 Liseuse.

OTTOZ (Emile), né à Paris. — 7 *bis*, rue Du-
-perré, 9e.

2256 Le matin à Auvers.
2257 Matinée de septembre aux bords de
l'Oise.
2258 Cour de vieille ferme normande.

OUILLON-CARRÈRE (Fernand), né à Paris. — 11, rue des Sablons (Villa Michel-Ange), 16ᵉ.

2259 Abandon (dessin crayon rehaussé à l'aquarelle).
2260 Repos du modèle (dessin crayon rehaussé à l'aquarelle).
2261 Jeune femme nue (dessin crayon rehaussé à l'aquarelle).

OURY (Mlle Thérèse), née à Chartres. — 12, rue de Chèvres, à Chartres.

2262 Gyp.
2263 Chrysanthèmes.
2264 Pivoines de la Chine.

OURY (Julia), née à Saint-Amand (Loir-et-Cher). — 24, rue Norvins, Paris, 18ᵉ.

2265 Le vieux moulin.
2266 Le vase bleu.
2267 Nature morte.

OUSSOFF (Mme Nadine), née à Samara (Russie). — 55 *bis*, rue Gazan, 14ᵉ.

2268 Paysage corse.
2269 Paysage corse.
2270 Paysage corse.

PADILLA (Claudio), née à Grenade (Espagne). — Chez M. F. Lauth, 36, rue d'Assas, 6e.

2271 Panneau paysage.
2272 Panneau figures.

PAILLER (Jean-Baptiste), né à Nouic (Haute-Vienne). — 21, rue Vivienne, 2e.

2273 Secours tardifs.
2274 Bien maigre menu.
2275 Pot-au-feu limousin.

PALDANI (Naëma), né en Finlande). — 4, rue de Magdebourg, 16e.

2276 Confidence nocturne.
2277 Nymphes et faune.
*2278 Portrait de Mlle R...

PALMAROLA (Ramon), né à Barcelone (Espagne) — 11 *bis*, rue Magdebourg, 16e.

2279 Charmeuse.
2280 Chansonnier.
2281 Satyre

PANN (Abel), né en Russie. — 24, avenue du Parc-
Montsouris, 14e.

2282 Jeune mère.
2283 Un vieux.
2284 Yosselé.

PARSEVAL (Diane de), née à Paris. — 37, rue
Borghèse, à Neuilly (Seine).

2285 Etude à la ménagerie.
2286 Etude à la ménagerie.
2287 Etude.

PARENT (Léon), né à Armentières (Nord). —
9, rue des Apennins, 17e.

2288 Couchant (environs de Luchon).
2289 Intimité.
2290 La femme chez elle.

PARENT (Roger), né à Paris. — 9, rue Coustou, 18e.

2291 Adam et Eve.
2292 Bruges (étude).
2293 Nature morte (étude).

PARENT-LACOSTE (Mme Jeanne), née à Souelch (Haute-Garonne). — 9, rue des Apennins, 17ᵉ.

    2294 Anémones.
    2295 Dahlias.
    2296 Chrysanthèmes.

PARISY (Edmond), né à Reims. — 164, Grande-Rue, à Champigny (Seine).

    2297 Cerisiers en fleurs (Champagne).
    2298 Vignes vierges à l'automne.
    2299 Moutons au pâturage.

PASCAL (André), né au Puy (Haute-Loire). — Au presbytère de Gros-Rouvre (Seine-et-Oise).

    ***2300** Le soir.
    2301 Le parc.
    2202 L'étang.

PASEA (Mary-Angela), née à Trinidad (B. W. Y.). — Chez M. Castelucho, 16, rue de la Grande-Chaumière, 6ᵉ.

    2303 L'arbre.
    2304 Etude.
    2305 Etude.

PASTEUR (Mme Marthe), née à Bellevue-sous-Meudon. — 65, rue d'Anjou, 8e.

2306 La Seine au quai d'Auteuil.
2307 La Seine à Bezons.
2308 Parc de Villeneuve-l'Etang.

PATROLIN (Raymond), né à Douai (Nord). — A Freneuse-s-Seine, par Saint-Aubin-d'Elbeuf (Seine-Inférieure).

2309 Paysage.
2310 Paysage
2311 Paysage.

PAVIOT (Louis), né à Lyon. — 63, rue Caulaincourt, 18e.

2312 Robe rouge.
2313 Campagne des bords du Rhône.
2314 Les figues.

PAUTOT (Emilie), née à Paris. — 8, villa Michon, 16e.

2315 Dame au béret grenat.
2316 Etude de têtes.

PÉGOT-OGIER, né en France. — 25, rue Humboldt, 14e.

2317 Scène bretonne.
2318 Le Pouldu (Finistère).
2319 Le Pouldu (Finistère).

PEINTE (Jeanne), née à Gap (Hautes-Alpes). — 6, rue Saint-François, à Quimper (Finistère).

2320 Le rocher de « Madame » à Port-Manec (Finistère).
2321 Les rochers de Kérembris (Finistère) (coucher de soleil).
2322 Gros temps à Sandgate (Angleterre).

PELCZYUSKI (Czeslas), né à Varsovie. — 95, rue de Vaugirard, 6e.

2323 Nature morte.
2324 Nature morte.
2325 Nature morte.

PELLEGRI (Joseph), né à Capestang (Hérault). — Capestang (Hérault).

2326 Pins (étude).
2327 Lauriers roses (étude).
2328 Oliviers (étude).

PELLERIER (Maurice), né à Paris. — 10, rue de
la Sablière, 14ᵉ.

2329 L'Armançon à Semur-en-Auxois.
2330 Matin de novembre (jardin du Luxembourg).
2331 Villiers-sur-Morin par temps gris.

PELOUSE (Germain), né à Paris. — 18, boulevard Carnot, Saint-Denis (Seine).

2332 Nature morte.
2333 Rocher Saint-Michel (Le Puy).
2334 Espaly, près Le Puy.

PENA (José G. de la), né à Madrid (Espagne). — 9,
rue Falguière, 15ᵉ.

2335 Jeune fille espagnole.
2336 Nature morte.
2337 Nature morte.

PENOT (Eugène-Edmond), né à Pithiviers. — 225,
rue de l'Université, 7ᵉ.

2338 La Marne à Charmentray.
2339 Le village de Jablines.
2340 Paysage.

PEQUIN (Charles), né à Nantes. — 65, boulevard
Arago, 13e.

2341 Paysage vendéen.
2342 Paysage vendéen.
2343 Fillette italienne.

PETIT (Henri). — Les Augeries, Fontaine-en-So-
logne (Loir-et-Cher).

2344 Plaisir d'été.
2345 La Varenne-St-Hilaire (coin de Marne).

PETIT-STRIX (Eugène), né à Suresnes. — 16,
quai d'Ivry, Ivry-Port (Seine).

2346 Carthage (la basilique byzantine).
2346 Carthage (Tunisie).
2348 Vitrine (peintures sur coquilles d'œufs).

PETITJEAN (Hyppolyte), né à Mâcon (S.-et-L.)
— Villa du Parc-Montsouris, 5 (26, rue Nan-
souty, 14e).

2349 Baigneuse.
2350 Paysage.
2351 Paysage.

PETITJEAN (Robert), né à Riom (Puy-de-Dôme).
— 34, avenue Bugeaud, 16e.

2352 Paysage d'Auvergne.
2353 Paysage.
2354 La tourmente.

PERCEVAULT (Louis), né à Paris. — 12, avenue
de Châtillon, 14e.

2355 Bruges (le quai Vert).
2356 Ruines du château de Lavardin.
2357 Souvenirs d'antan (Etude).

PERELMANN (Joseph), né à Saint-Pétersbourg.
— 33, rue du Champ-de-Mars, 7e.

2358 Roi tartare et son batcha.

PÉRINET (Louis-André), né à Poissy (S.-et-O.). —
7, rue de Cîteaux, 12e.

2359 Coucher de soleil sur la lande (Loguivy).
2360 Moulin blanc à Kerné.
2361 Route à Lesconil.

PERREAU (Raymond), né à Bérulles (Aube). —
38, rue Thiers, Troyes.

    2362 Le déversoir aux écrevisses sur le
        Tholon.
    2363 Le chemin creux (Egleny, Yonne).
    2364 Le déversoir de Chappe (Aube).

PERRIER (Victor), né dans le Jura. — 25, boulevard Lannes, 16e.

    2365 Clairvaux du Jura.
    2366 Gérardmer.
    ***2367** Portrait.

PERRIN (Gabriel), né à Lyon (Rhône). — 11,
place Denfert-Rochereau, 14e.

    2368 Fleurs sous l'ombrelle.
    2369 Fleurs (aquarelle).
    2370 Fleurs (aquarelle).

PERRIN-MAXENCE, né à Saint-Etienne. — 3,
rue Boissonade, 14e.

    2371 Nature morte.
    2372 Nature morte.
    2373 Paysage.

PERROT (Jeanne), née à Paris. — 112, boulevard
Saint-Germain, 6ᵉ.

2374 Sur la cheminée.
2375 Etangs.
2376 Etude.

PERROUDON (Lucien), né à la Ferté-Gaucher
(Seine-et-Marne). — Goussainville (S.-et-O.).

2377 Jeune fille au chat.
2378 Réflexions.
2379 Tête d'homme (effet de lampe).

PERSON (Henri). — 48, boulevard des Batignolles, 8ᵉ.

2380 Sur la Corne d'Or (soir).
2381 Canoubier (soir).

PESKÉ (Jean). — 39, boulevard Saint-Jacques, 13ᵉ.

2383 Le printemps.
2384 L'été.
2385 Les peupliers à Melun.

PEYRE, né à Vincennes (Seine). — 132, rue de Charenton, 12ᵉ.

2386 Les cyprès.
2387 Le village.
2388 Deux petites études dans le même cadre :
　　　　La tour Philippe-le-Bel.
　　　　Villeneuve-les-Avignon.

PEZANT (Georges), né à Audilly (Seine-et-Oise). — Saint-Prix (Seine-et-Oise).

2389 Paysage.
2390 Paysage.
2391 Marine.

PICABIA (Francis). — 32, avenue Charles-Floquet, 7ᵉ.

2392 Procession.

PICAUD (Jean-Baptiste), né à Roanne (Loire). — 20, rue Gambetta, Roanne.

***2393** Portrait d'enfant (buste plâtre).
2394 Le repos (statuette plâtre).
2395 Lutteur (buste pierre).

PICARD DU CHAMBON (René), né à Pierrefitte-sur-Loire (Allier). — 22, rue de Rivoli, 1er.

2396 Titanic.

PICART-LEDOUX, né à Paris. — 13, rue Paul-Féval, 18e.

***2397** Portrait.
2398 Paysage.
2399 Dessin.

PICCOLI, né en Italie. — 11, rue d'Orchampt, 18e.

2400 Papillons de nuit (panneau décoratif).

PICK (Jacques). — 2, avenue Carnot, Arcueil-Cachan (Seine).

2401 Eve, serpent et la pomme (esquisse).
2402 Etude.
2403 Portrait d'une jeune personne.

PIÉBOURG (Louis), né à Chartres. — 89, rue de Vaugirard, 6e.

2404 Etude.
2405 Etude.
2406 Etude.

PIET (Fernand), né à Paris. — 35, rue Lamarck, 18ᵉ.

2407 Ile Saint-Denis.
2408 Bassin de la Villette.
2409 Quimperlé.

PICHON (Alfred), né à Angoulême. — 53, rue de Châteaudun, Chartres.

2410 L'Annonciation.
2411 Assise.
2412 Girgenti

PICHON (Mme Suzanne), né à Nancy. — 53, rue de Châteaudun, Chartres.

2413 Le Port-Clos.
2414 La campagne romaine.
2415 Le lac de Nemi.

PICHOT (Ramon), né à Barcelone. — 3, avenue Junot, 18ᵉ.

2416 Sardana (danse).
2417 La foire.
2418 Retour de la foire.

PIERSON (Albert), né à Vézelisse (Meurthe-et-Moselle). — 10, rue Marguerin, 14e.

2419 Quatre coins de Paris.
2420 Coq faisan.
2421 Le vieux pont de St-Céneri (aquarelle).

PILICHOWSKI (L.), né en Pologne. — 20, rue Hoche, à Châtillon-sous-Bagneux (Seine).

2422 Fleurs.
2423 Fruits.
2424 Légumes.

PILICO (Léna), née en Pologne. — 20, rue Hoche, Châtillon-sous-Bagneux (Seine).

2425 Paravent (panneaux décoratifs).
2426 Azalées.
2427 Cerisier en fleurs.

PIMIENTA (Gustave), né à Paris. — 24, quai du Louvre, 2e.

2428 Femme se coiffant (terre cuite).
*2429 Esquisse d'enfant (terre cuite) (appartient à M. Louis L...).

PINAL (Fernand), né à Bruyères-et-Montbérault (Aisne). — 106, rue du Cherche-Midi, 15e.

*2430 Portrait.
*2431 Sous la lampe.
2432 Le matin à Ville-d'Avray.

PINGUET (Raymond), né à Neuilly. — 11, rue de la Ferme, Neuilly (Seine).

*2433 Bois de Boulogne (lac supérieur).
*2434 Source de l'Ouche (Côte-d'Or).
*2435 Nénuphars (aquarelle).

PINGUET (Victor), né à Paris. — 8, boulevard de Vaugirard, 6e.

2436 Aurore sur Paris (vue de Meudon).

PIRAMOWICZ (Sophie), née à Varsovie. — 6, rue Blainville, 5e.

2437 Etudes décoratives.

PIROLA (René), né à Paris **(Sociétaire décédé)**
(1879-1912).

Études

1 Falaises, Varengeville, 1897.
2 La Seine, Rouen, 1899.
3 Le port, Dieppe, 1899.
4 Métro.
5 Canal Saint-Martin, Paris, 1901-1903.
6 à **12** Marseille, 1904-1905.
13 à **19** Tunisie, 1906-1907.
20 à **30** Corse, 1908-1909.
31 à **36** Belgique-Nieuport, 1910
37 à **43** Seine-et-Oise, Champagne, 1911.

Esquisses

44 à **53** Esquisses, 1910-1912.
54 Le port.
55 La source.
56 Retour de pêche.
57 L'île.
58 Frise.
59 Femmes à l'âne.
60 Ronde.
61 Rêve.
62 Champagne.
63 Moisson (peinture). 1911-1912.

Eaux fortes

64 à **71** Montmarte, 1910.

PIVAND (Henri-Victor), né à Paris. — 40, rue du Château-d'Eau, 10°.

2438 Un cadre : Quatre vues de Montmartre, Coucher de soleil (lithographies).

***2439** Un cadre (appartient à M. D...)
Vue de Montmartre (lithographie).
Coucher de soleil (aquarelle).
Effet de soleil (aquarelle).
Vue de Montmartre (lithographie).

2440 Nature morte (peinture).

PLEHN (Alice), née à Kopitkowo (Allemagne). — 16, rue de la Grande-Chaumière, chez M. Caste-lucho.

2441 Nature morte : la Pendule.
2442 Nature morte : Chrysanthèmes.
2443 Les blanchisseuses en Bretagne.

PLISSON (Charles), né à Paris. — 16, rue du Saint-Gothard, 14°.

2444 Marée basse (Vue de Bretagne).
2445 Bateau (étude).
2446 Temps gris.

PLUMET (Jean), né à Mâcon. — 34, rue des Apennins, 17e.

2447 La dame aux fleurs jaunes.
2448 Automne.
2449 Automne.

POIREY (Georges-Louis), né à Paris. — 301, rue de Vaugirard, 15e.

2450 Portrait d'homme.

POLISSADOFF (Wladimir de), né à Odessa (Russie). — 6, rue de Varize, 16e.

2451 Alliance nouvelle.
2452 Ceci est mon corps.
2453 Stella matutina.

POMIL (Mario), né à Bucarest (Roumanie). — Chez Mlle le docteur Mariette-Pompilian, 52, rue d'Auteuil, 16e.

2454 Roumanie (paysages).
2455 France (paysages).

POMMEY (Jules), né à Lyon (Rhône). — 130, cours
Lafayette, à Lyon.

2456 Brume sur le Rhône (soleil couchant).
2457 Soir d'octobre, Frontonas (Isère).
2458 Matin triste, à Saint-Franc (Savoie).

PONSCARME (Frédéric-Auguste), né à Paris. —
4, rue de Robinson, Robinson.

*2459 Portrait de Mme S... (médaillon).
*2460 Portrait de Mme G... (médaillon).
2461 Mélancolie. (médaillon).

PONTIER (Gabriel), né à Marseille.

2462 Pêcheur d'oursins, près Méjean.
2463 Le chemin dans les pins.
2464 Les coquelicots.

POPINEAU (Emile), né à Saint-Amand-Mont-
Rond (Cher). — 52, rue Lhomond, 5e.

2465 Adam et Eve (pierre directe inachevée).

POPINEAU (Louis), né à Montauban. — 8, rue de la Glacière, 5°.

    2466 L'agréable journée.
    2467 Les baigneuses.

POPLAWSKA (Wanda de), née en Pologne. — 103, rue de Vaugirard, 15°.

    ***2468** Portrait de M. Z... (propriété privée).
    2469 Crépuscule.
    2470 Chardon.

POSTEL-VINAY (Yvonne), née à Paris. — 41, boulevard Latour-Maubourg, 7°.

    2471 Quatre études bretonnes.
    2472 Soleil couchant sur l'étang de Saint-Quentin.
    2473 Un grain, Villers-sur-Mer.

POTTIER (André), né à Mantes-sur-Seine. — 9, rue Boccador, 9°.

    2474 Vues de Paris (aquarelle).
    2475 Vues de Paris. — Plage d'Hennequeville. Route de Magny.
    2476 Vue de Paris.

POTTIER (Gaston), né à Paris. — Villa Ker-Anna, Ploaré (Finistère).

    2477 Côtes des environs, Cap de la Chau, tempête.
    2478 Plage de Trez, Maloenne.
    2479 Vue du Ryz. Gros temps.

POULAIN (Edmond), né à Bobogny (Seine). — 35, rue Linné, 5e.

    2480 Vallée de la Seine. Crépuscule.
    2481 Le soir au pont de la Tournelle.
    2482 Effet de lune à Lascelles (Cantal)

POZIER (Jacinthe), né à Paris. — Eragny, par Gisors (Eure).

    2483 Soleil du matin (Bois du Castel, Pont-Aven).
    2484 Après la pluie (Ferme de Kerhas, Pont-Aven).

PRINCE (Georges-Alphonse), né à Paris. — 4, rue Tardieu, 18e.

    2485 Pavots.
    2486 Roses.
    2487 Panier de cerises.

PRINGAULT (Julia), née à Rennes. — 5 *bis*, villa de Villiers, 72, boulevard Victor-Hugo, Neuilly-sur-Seine.

2488 Azalées des Serres de la Ville de Paris.
2489 En automne.
2490 En hiver,

PROST (Gaston), né à Paris. — 62, rue de Rennes, 6ᵉ.

2491 Chaumière à la lisière de la forêt de Villers-Cotteret.
2492 L'église de Corcy.
2493 L'étang de Corcy.

PROTTMANN-SZOLCHANYI (Mme Stella de), née en Hongrie. — 78, boulevard Saint-Michel, 5ᵉ.

2494 L'Institut océanographique.
2495 Etude.
2496 Etude.

PRUDHOMME (Loys-Paul), né à Marseille. — 32, rue de l'Arbalète, 5ᵉ.

2497 Les peupliers.
2498 Quatre études (Provence).
2499 Quatre aquarelles.

PRUNIER (Charles-Eugène), né à Troyes. — 20, rue Benoit-Malon, Sainte-Savine (Aube).

2500 Le matin à Villers-le-Brûlé (Aube).
2501 Rue de village à Spoy (Aube). Matinée.
*2502 Canard sauvage et poule d'eau (nature morte).

PUECH (Ernest), né à Beaucaire (Gard). — 9, rue Campagne-Première, 14e.

2503 Fleurs au jardin du Luxembourg.
2504 La petite modèle (nu).
2505 Le Palais du Sénat.

PYNENBURG (Reinier), né à Vucht (Hollande). — 89, rue de Vaugirard, 6e.

2506 Femme nettoyant le cuivre.
2507 La mère et l'enfant.
2508 Femme raccommodant.

QUARTIROLO (Charles), né à Milan (Italie). — 38, rue de la Convention, 15e.

2509 Vitrine contenant divers objets d'art en cuivre repoussé et bronze, à cire perdue (pièces uniques).

QUESNEL (Robert-Cam), né à Paris. — 38, rue Falguière, 15°.

2510 Récolte des citrons (Italie).

QUESNET (Jules), né à Paris. — 8, rue Guyot, 17°.

2511 Marguerite de Valois.
2512 La pomme au couteau.
2513 Le recteur et le baill.

QUILLARD (Mme Jeanne), née à Paris. — 111, boulevard de l'Hôpital, 5°.

2514 L'enfant malade.

RAMBERT (Charles), né à Lausanne (Suisse). — 79, boulevard de Courcelles, 17°.

2515 Soleil d'hiver.
2516 Dernière neige.
2517 La Seine.

RAMEAU (Claude). — Bourbon-Lancy (Saône-et-Loire).

2518 Au bord de la rivière (paysage).
2519 Fileuse bourbonnaise.
2520 Paysage de mai.

RAMOND (Paul), né à Toulouse. — 3, place Intérieure-Saint-Michel, Toulouse (Hte-Garonne).

2521 Roses brumaire.
2522 Vieilles maisons à Saint-Pons (Hérault).
2523 Luzernes en fleur (Haute-Garonne).

RAOUL-MARIE (Edmond), né à Paris. — 18, rue de Mesmes, Bougival (Seine-et-Oise).

2524 Joueurs de billard.
2525 Napoléon Ier dans le parc de la Malmaison.
2526 Les saules.

RAPPA (Séverin), né à Andorno-Cacciorna (Italie). 35, rue de la Tombe-Issoire, 14°.

2527 Cadre de dessins et portraits au crayon.
2528 Cadre de dessins et portraits au crayon.
2529 Cadre de dessins et portraits au crayon.

RASETTI (Georges-Auguste), né à Paris. — 6, rue Choron, 9°.

2530 Bretons en prière.
2531 Les porteurs de croix.

RAVAUT (Serge), né à Seine-Port (Seine-et-Marne). — Bazincourt, par Gisors (Eure).

2532 Paysage d'automne.
2533 Paysage d'automne (bouleaux et fougères).
2534 Etude.

REBAY (Hilla Von), né à Strasbourg. — 39, rue de Douai, 9e.

2535 Moi-même.
2536 Portrait du baron R...
2537 Nature morte.

REBICHON (René), né à Paris. — 6, rue Jean-Leclaire, à Herblay (Seine-et-Oise).

2538 La route à Montigny-les-Cormeilles.
2539 La Seine à Herblay.
2540 Effet du matin, à Herblay.

REES (Otto Van), né à Fribourg. — 12, rue Froidevaux, 14e.

2541 Composition.
2542 Femme assise.
2543 Tête de femme.

REGEVSKY (David), né à Rostoff-sur-Don (Russie). — 39, rue de la Tour-d'Auvergne, 9e.

2544 Temple de Boudha.
2545 Exilé politique (Russie).
2546 Pensif.

REGNIAULT (Georges-Philippe), né à Paris. — 64, rue Tiquetonne, 2e.

2547 L'été, à Choisy-au-Bac.
2548 Au bord de la Marne, à Chelles.
2549 La Marne, à Gournay.

REGNIER (Ludovic), né à Paris. — Villa des Tilleuls, 45, rue de Sèvres, à Clamart (Seine).

2550 Narcisses.
2551 Pommier en fleurs.
2552 Phlox.

REGNIER-MAINFROY (Charles), né à Troyes. — 34, boulev. du 14-Juillet, à Troyes (Aube).

2553 Le Hamelet des Nœs.
2554 Chemin, la Rivière-de-Corps.
2555 Saint-Parres-les-Tertres.

REGO MONTEIRO (Fédora do), née au Brésil. —
4, rue Belloni, 15e.

2556 La danseuse en rouge.
2557 Rayon de soleil.
2558 Tête de jeune fille bretonne.

REGO MONTEIRO (Vicente P. do), né au Brésil.
— 4, rue Belloni, 15e.

2559 L'écriture.
2560 Tête de vieillard.

REIMANNS (Richard), né en Hollande. — 65, boulevard Arago, 13e.

2561 L'éclipse de 1912 (étude de gamins).
2562 La croûte de pain.
2563 Sylvanie ou la bonne aventure.

REMBOWSKI (Jan), né en Pologne. — Zakopane-
Krupowki, Galicie (Autriche).

2564 Joueur de cornemuse.
2565 Guide des montagnes.
2566 Vieux paysan.

RENAUDOT (Paul), né à Rome. — 1, rue Cassini,
14ᵉ, jusqu'au 15 avril, et ensuite 22, rue des Fossés-Saint-Jacques, 5ᵉ.

2567 Le bonnet.
2568 Le peignoir rouge.
2569 Le canapé.

RENÉ-JUSTE (Jean-Camille), né à Paris. — Marlotte (Seine-et-Marne).

2570 Neige, à Bourron.
2571 Coin de jardin.
2572 Le moulin de Pénanveur.

RERUTKIEWICZ (François), né à Cracovie (Pologne). — 9, rue Campagne-Première, 14ᵉ, chez
M. Rubczak.

2573 Crépuscule du soir.
2574 Paysage.
2575 Nature morte.

RESMARKY (Arpad de), né en Hongrie. — 12, rue
Bernard-Palissy, 12ᵉ.

2576 L'homme.
2577 Acte.
2578 Intérieur.

RETH (Alfred), né à Budapest. — 146, boulevard du Montparnasse, 14e.

>
> 2579 Restaurant.
> 2580 Nature morte.
> 2581 Portrait de M. R...

RETIF (Maurice), né à Sancoins (Cher). — 7, rue Sévero, 14e.

>
> 2582 Péniches à Rouen.
> 2583 Portrait de femme.
> 2584 Dans la rue.

REUFLET (Édouard-Frédéric), né à Lille. — 26, avenue de Breteuil, Paris.

>
> 2585 Etude.
> 2586 Etude.
> 2587 Un cadre de quatre études.

REYMOND (Carlos), né à Paris. — 5, avenue Bosquet, 7e.

>
> 2588 Printemps provençal.
> 2589 Sainte Catherine, Honfleur (aquarelle).
> 2590 Débarquement de la moule, Honfleur (aquarelle).

REYRE (Valentine), née à Paris. — 9, rue Sainte-
Geneviève, à Senlis (Oise).

2591 Fleurs.
2592 Sur ma table.

RIBEAUCOURT (Jules), né à Maubeuge (Nord). —
5, rue Nobel, 18e.

2593 Assemblage de quatre études, Provence :
    I. Saint-Mandrier.
    II. Bateaux, le matin.
    III. La pointe, à Saint-Tropez.
    IV. Coin de port, Saint-Tropez.
2594 Port en Provence.
2595 Les roches à Menton.

RICHARD (Gustave), né à Metz. 13, Rue La Fontaine, 16e.

2596 Quatre aquarelles de fleurs.
2597 Quatre aquarelles de fleurs.
2598 Narcisses et quarantaines (aquarelle).

RIERA (Rosa), née à Barcelone (Espagne). — 70,
boulevard Edgard-Quinet, 14e.

2599 Manolita.
2600 Projets de carrelages.
2601 Tête de femme.

RIOUX (Henri-Ernest), né à Bois-Colombes (Seine).
— 32, rue Gabrielle, 18e.

2602 Etude de torse.
2603 Paysage.

RIVERA (Diego H.), né au Mexique. — 26, rue du
Départ, 14e.

2604 Tolède (paysage).
2605 Portrait de M. Best.
2606 Paysage.

ROBERT (Armand), né à La Ferté-sur-Aube (Haute-Marne). — 4, rue Sévero, 14e.

2607 Equihen (Pas-de-Calais). — Vue générale
(appartient à l'Hôtel de Paris, de Boulogne-sur-Mer).
2608 Equihen (Pas-de-Calais), Poste de doua-
niers.
2609 Boulogne-sur-Mer, l'avant-port.

ROBERT-WEBER (Charles), né à Paris. — 22,
boulevard Beaumarchais, 4e.

2610 Motif pour tentures et rideaux.
2611 Motif pour un coussin.
2612 Motif pour un jeté de table ou dessus
de piano.

ROBERTY (André), né à Paris. — 59, rue Caulaincourt, 18e.

2613 Rieuse.
2614 La route de la Bouillabaisse.
2615 La Puntche.

ROBIN (Maurice), né à Paris. — 11, rue d'Arcole, 4e.

2616 Le quai des Orfèvres.
2617 Le pont Sully.
2618 Le pont Sully.

ROBLIN (Jules), né à Paris. — 6, rue de la Liberté, à Asnières (Seine).

2619 Nature morte.
2620 Nature morte.
2621 Nature morte.

ROCH-KOUGOVCHEW (Nina), née en Russie. — 6, rue Calvin, à Genève (Suisse).

2622 Danseuse.
2623 Ballet.
2624 Sirène.

RODIER (Marguerite), née à Darney (Vosges). —
35, rue de l'Arbalète, 5e.

   *2625 Le jardin de la Cousine (appartient à
          Mlle T...)
   *2626 Le saut de la Pique, Luchon (appartient
          à Mme G...)
   2627 Vieilles maisons sur le gave.

RODO (Ludovic). — 14, rue Girardon, 18e.

   2628 Les pins, Bretagne.
   2629 Sacré-Cœur.
   2630 Fleurs.

ROGERS (Mme Charlotte-Starke), née à New-York.
27 bis, avenue Montsouris, 14e.

   2631 Septembre (pastel).
   2632 Le chemin du bois.
   2633 La rivière (pastel).

ROLL (Marcel), né à Paris. — 15 bis, rue Chaptal,
à Levallois (Seine).

   2634 Panneau décoratif.

ROMOFF. — 22, rue Mayet, 7e.

2635 Paysage italien.
2636 Peinture.
2637 Aquarelle.

ROQUES (Amélie), née à Bordeaux. — 59, avenue Malakoff, 16e.

2638 Marine (étude).
2639 Marine.
2640 Automne.

ROSENSTOCK, née en France. — 17, rue de Saint-Lénoch, 15e.

2641 Fleurs.
2642 Fleurs.
2643 Fleurs.

ROSSINÉ (Daniel), né à Neuf-Bougue. — 2, passage de Dantzig, 15e.

2644 Le rythme.

ROUGEOT (Pierre), né à Paris, — 177, boulevard
Pereire, 17ᵉ.

    2645   Nature morte (pommes).
    2646   Nature morte (mouette et hortensia).
    2647   Essai décoratif pour tapisserie (Retour
             du bal).

ROUMÉGUÈRE (J.-L.), né à Auch (Gers). — 66,
avenue des Gobelins, 13ᵉ.

    2648   Gammes du matin.

ROUQUAYROL (Georges), né à Villefranche (Rhône). — 36 ter, rue de la Tour-d'Auvergne, 9ᵉ.

    2649   Au théâtre (loges).
    2650   Au théâtre (galeries).
    2651   Bourgeois à la brasserie.

ROURE (Auguste-Louis), né à Avignon. — 12, rue
du Petit-Paradis, à Avignon (Vaucluse).

    2652   Paysage de Provence (matin).
    2653   Paysage de Provence (soir).
    2654   Paysage du Provence (matin).

ROUSSEAU (René-Georges), né à Montoire (Loir-et-Cher). — 10, rue du Chemin-de-Fer, à Arcueil (Seine).

2655 Plat décoratif, métaux ciselés et incrustés.

2656 Plat décoratif, cuivre et étain incrustés et ciselés.

2657 Plat décoratif repoussé et ciselé.
Plateau cuivre, repoussé et patiné.

ROUSSEAU-COFFIER (Jeanne), née à Candé. — 104, rue d'Assas, 6e.

2658 Nature morte et vivante.
2659 Portrait.
2660 Nature morte (fleurs).

ROUSSEL (Félix), né à Paris. — 1, avenue du Parc-de-la-Montagne, à Champigny (Seine).

2661 Peinture.
2662 Peinture.
2663 Peinture.

ROUSSELET (Étienne), né à Paris. — 3, rue de Sontay, 16e.

2664 Le Rêve.
2665 Brodeuse.
2666 Femme au chapeau.

ROUSTAN (Emile), né à Pnôm-Penh (Cambodge).
— 24, rue Mayet, 7ᵉ.

2667 Neige dans le Forez.
2668 Torrent dans le Forez.
2669 Paysage (Forez).

ROUTCHINE (Mlle Sonia), née à Odessa (Russie).
— 56, rue Cardinet, 17ᵉ.

2670 Roses jaunes et violettes.
*__2671__ Mon portrait (fusain).
2672 Croquis.

ROY (André), né à Asnières. — 32, rue du Château,
à Asnières (Seine).

2673 Quatre aquarelles.
2674 Les dunes du Touquet (aquarelle).
2675 L'épave (peinture).

ROY (Pierre). — 65, boulevard Arago, 13ᵉ.

2676 Jeunes filles sauvages.

ROYER (Pierre-Joseph-Alexandre), né à Roche-Servière (Vendée). — 40, boulevard Exelmans, 16e.

2677 Le matin, à Issy-les-Moulineaux.
2678 Près des falaises par un gros temps.
2679 Etude de cerises.

RUBCZAK (Jean), né à Cracovie (Pologne). — 9, rue Campagne-Première, 14e.

2680 Port-Audierne (Bretagne).
2681 Paysage de Pologne.
2682 Paysage à Auvers-sur-Oise.

RUFF (Mlle Emma), née à Paris. — 25, rue Pierre-Guérin, 16.

*2683 Portrait de Mme M. R... (pastel).

RUNGE (Fanny), née à Brême. — 139, boulevard Saint-Michel, 5e.

2684 Enfant au jardin.
2685 Intérieur.
2686 Paysage.

RUSSEL-MORGAN, né à New-York (Etats-Unis d'Amérique). — 3, rue Vercingétorix, 14e.

2687 Synchromie en vert.

SACHAROFF (Olga), née à Kurdamir (Russie). — 22, rue Mayet, 7e.

2688 Portrait.
2689 Peinture.
2690 Peinture.

SAGET (Gabrielle), née à Hambourg. — 45, rue du Ranelagh, 16e.

2691 Etude.
2692 Pignada.
2693 Perplexité.

SAIN DE HEERS (Mme Emilie), née à Nanterre (Seine). — 80, rue Taitbout, 9e.

2694 Petite rue d'Anacapri (Italie).
2695 Vésuve vu d'Anacapri.
2696 Jeannine et sa poupée.

SAINT-CYR ANDUZE (Joseph), né à Agen. — Caussade (Tarn-et-Garonne).

2697 Les gaulois (invasion).
2698 Reître à la pipe.
2699 Retour des champs.

SAINT-DENIS (Mlle Germaine de), née à Paris. — 6, rue Vercingétorix, 14e.

***2700** Portrait de Mme F...
***2701** Portrait de Mlle B...

SAINT-POINT (Mme Valentine de), née en France. — 19, avenue de Tourville, 7e.

2702 Les ambres.
***2703** Portrait.
2704 Jeune homme.

SAINTOIN (Jules-Emile), né à Paris. — 4, avenue des Ternes, 17e.

2706 Combat de lion et de sanglier (Versailles).
2707 Etudes sur Saint-Jacques-du-Tréport.

SALEMFELS (Mlle Olga-Louise de), née à Paris.
— 131, avenue de Wagram, 17°.

2708 Etude de tête.
2709 Baie de Saint-Jean.
2710 En pays basque.

SALICATH (Ornulf), né à Christiania (Norvège).
— Veltheimsgade 4 B, Christiania (Norvège).

2711 Tableau.
2712 Portrait.
2713 Tableau.

SALKIN (Fernand), né à Montélimar (Drôme). —
33, rue des Bons-Enfants, à Marseille (Bouches-
du-Rhône).

2714 Paysage de Provence.
2715 Dans les champs, à Château-Gombert
(Bouches-du-Rhône).
2716 Le four à chaux, à Allauch (Bouches-du-
Rhône).

SAMSON (Gustave), né à Granville (Manche). —
63, rue des Juifs, à Granville (Manche).

2717 Paysage.
2718 Fantaisie.

SANDOZ (Alfred), né à Genève (Suisse). — Cartigny, canton de Genève (Suisse).

    2719 Rêverie.
    2720 Portrait.
    2721 Paysage (automne).

SARDIN (Albert), né à Arcis-sur-Aube (Aube). — 9, rue Falguière, 15e.

    2722 Femme nue.
    2723 Au jardin.
    2724 L'ancien cloître de Port-Royal.

SARRUT (Paul-Camille-Georges), né à Grenoble. — 33, rue du Ranelagh, 16e.

    2725 Paysage cévenol.
    2726 Nu (étude).
    2727 Contre-jour (Cévennes).

SARTON (Victor), né à Paris. — 11 bis, rue Mansart, 9e.

    2728 Paysage.
    2729 Route dans les bois.
    2730 Torrent, à Beaufort.

SAUNIER (Edouard), né à Paris. — 7 bis, rue
Paul-Féval, 18e.

*2731 Portrait de Mme Sauret-Arnyvelde.
*2732 Portrait de Van Hasselt.
2733 La forêt.

SAUVENAY (Fernand), né à Glons (Belgique). —
24, rue de la Lune, 2e.

*2734 Récolte de paille à tresser, à Glons.
*2735 Christ sur la croix (pastel).
*2736 Tête (étude).

SCHALLET (Charlotte), née à Berne (Suisse). —
7, rue Daguerre, 14e.

2737 Jour d'hiver (détrempe).
2738 Pianissimo (détrempe).
2739 Fortissimo (détrempe).

SCHELFHOUT (Louis), né à La Haye (Hollande).
— Beethovenlaan, 15-Hilversum, La Haye.

2740 Composition.

SCHMALBACH (Joseph), né à Traar. — 41, avenue
Trudaine, 9°.

2741 Vue du parc de Saint-Cloud.
2742 Bouquet de roses.
2743 Pivoines et campanules.

SCHMITZ (Camille), né à Milan. — 15 bis, rue
Théophile-Gautier, 16°.

2744 Frise.
2745 Frise.
2746 Frise.

SCHREIBER (Georges), né à Paris. — 3, rue Ju-
les-César, 12°.

2747 Chartres, vu de Mainvilliers.
2748 Peupliers au couchant.
2749 Soleil couchant sur la Seine (Athis-Mons).

SCHUH (Joseph), né à Losheim. — 41, rue Taitbout, 9°.

2750 Etude, à Boulogne-sur-Mer.
2751 Etude, à Boulogne-sur-Mer.
2752 Etude, à Boulogne-sur-Mer.

SCHUTZ (Emile), né à Paris. — 24, rue du Marché, à Levallois (Seine).

2753 Un panneau de quatre études.
2754 Un paysage (étang de Saint-James).
2755 Un paysage (matinée près Suresnes).

SCHWARTZ (Raphaël), né en Russie. — 4, rue Belloni, 15e.

2756 La femme à table.
2757 L'écharpe noire.
2758 Les tulipes.

SCOSSA (Ferdinand), né à Paris. — 14, rue de Rome, 8e.

2759 Rochers du Trayas (Esterel).
2760 Falaises à Varengeville.
2761 Bruyères, à Varengeville.

SÉGUIN (Arsène), né à Saint-Malo. — 10, rue Auguste-Buisson, La Garenne-Colombes (Seine).

2762 L'entrée de Saint-Malo (clair de lune).
2763 Un coin de Montmartre (effet de neige).
2764 Embarcadère de Dinard.

SEGUIN (Fortuné), né à Paris. — 14, rue du Cardinal-Lemoine, 5e.

    2765 Etude de fleurs.
    2766 Elle (chiffonnière).
    2767 Lui (chiffonnier).

SEGUIN (Nicolas-Alexandre), né à Paris. — 39, rue d'Alsace, 10e.

    2768 Au château de la Chasse (forêt de Montmorency).
    2769 Prunes fleuries.
    2770 Tranche de potiron.

SEGUIN-BERTAULT (Paul), né à Châteaurenault. — 68, rue d'Assas, 6e.

    2771 Paysage (pastel).
    2772 Paysage (pastel).
    2773 Les dahlias (pastel).

SÉLIGMANN (A.-O.), né à Karlsruhe. — Le Pouldu, par Clohars-Carnoët (Finistère).

    2774 Entrée de ferme bretonne.
    2775 Verger en automne.
    2776 Ferme et verger.

SELMERSHEIM-DESGRANGE (Mme Jeanne), née à Paris. — 78, rue de Maistre, 18ᵉ.

2777 Fleurs.
2778 Fleurs.
2779 Fleurs (Le Puy).

SÉON (Alexandre), né à Chazelles-s.-Lyon (Loire). — 11, rue Yvart, 15ᵉ.

2780 Les présents de Pomone (esquisse peinte).
2781 Dessin pour les Présents de Pomone.
2782 Dessin pour les Présents de Pomone.

SERREPUY (Jean), né à Pierrelate. — 9, avenue Faidherbe, à Asnières (Seine).

2783 Panneau de quatre petits paysages.
2784 Effet de nuit.
2785 Paysage.

SÉRUSIER (Paul), né à Paris. — 4, avenue de Tourville, 7ᵉ.

2786 Pommes.
2787 Tentation.
2788 Suzanne.

SERVAL (Maurice), né à Douai (Nord). — 1, boulevard Exelmans, 16e.

2789 Le viaduc du Point-du-Jour (pastel).
2790 La rue de Nevers (nuit), peinture.
2791 Le Pont-Neuf (nuit), peinture.

SÉVEAU (Georges), né à Poitiers (Vienne). — 91,
rue de l'Amiral-Mouchez, pavillon 4, 13e.

2792 La Cité.

SEYSSAUD (René), né à Marseille. — Saint-Cha-
mas (Bouches-du-Rhône).

2793 Coteaux dans la brume.
2794 La vallée de la Touloubre.
2795 Sentier vers l'étang.

SHORE (Bethea-E.), née aux Indes anglaises. —
38, Harrington Gardens, S. W. Londres.

2796 Les voiles blanches.
2797 Venise (Le Zattere).

SIBERTIN-BLANC (René), né à Paris. — 4 bis,
rue Vital, 16°.

2798 Portrait (crayon).
2799 Dessin.
2800 Nature morte.

SIG (Louise), née à Montbéliard. — 17, rue Desre-
naudes, 17°.

2801 Un panneau de huit pastels.
2802 Un panneau de huit pastels.
2803 Un pastel.

SIGNAC (Paul), né à Paris. — 14, rue Lafontaine,
16°.

2804 Le port de La Rochelle (peinture).
2805 Le port de La Rochelle (carton).
2806 Le port de La Rochelle (notation).
(Appartiennent à MM. Bernheim jeune
et Cie).

SIGRIST (Edmond), né à Paris. — 2 rue Méchain,
15°.

2807 Embarquement des fruits à Sottoma-
rina.
2808 Etude.
2809 Un coin de jardin à Saint-Maur.

SILÉON (Louis), né à Nolay (Côte-d'Or). — 17, rue
Tournefort, 5ᵉ.

2810   Alger (le pavillon du coup d'éventail).
2811   Séville.
2812   Venise (cour intérieure).

SILVA BRUHNS (Yvan da), né à Paris. — 136,
avenue de Villiers, 17ᵉ.

2813   Versailles, paysage décoratif.
2814   Erquy, paysage décoratif.
2815   Les poissons, dessus de porte de salle à
       manger.

SILZ (Edith), née à Nantes. — 30, avenue Henri-
Martin, 16ᵉ.

2816   Les pieds d'alouettes.
2817   Les pommiers du Japon.
2818   Ciel d'orage.

SIMON (Antoine), né à Caderousse (Vaucluse). —
40, rue Nollet, 17ᵉ.

2819   Le Pont-Royal.
2820   Paysage de printemps.
2821   Nature morte.

SIMON (Jacques), né à Paris. — 5, rue Falguière, 15º.

>2822 Le village.
>2823 Le vieux moulin.
>2824 Les frênes.

SIMON (Maxime), né à Paris. — 22, rue Denfert-Rochereau, 15º.

>2825 Le grain.
>2826 Une journée à la campagne (dessus de porte).
>2827 Panneau décoratif.

SIVADE (André), né à Nice. — 23 bis, rue des Ecoles, 5º.

>2828 Pomponiana.
>2829 Fleurs (nuances de rouge).
>2830 Bord de mer au Pradon.

SMELOW (Paul), né à Kazan. — Musée Alexandre III, section ethnographique, Kazan.

>2831 Au bord du lac.
>2832 Automne.
>2833 Volchow.

SMETANA (Léopold), né à Tonnerre (Yonne). — Saint-André (Aube).

> **2834** Paysage.

SMIRNOFF (André de), né en Russie. — 9, rue Campagne-Première, 14e.

> **2835** Promenade n 2.
> **2836** Nu.
> **2837** Nu.

SMITH (D.-Atherton), né à Glasgow (Ecosse). — 25, rue de Villejust, 16e.

> **2838** La régate.
> **2839** Jour de mistral.
> **2840** Paysages (assemblage).

SMITH (Ismaël), né en Catalogne. — Villa Méquillet, 5, Neuilly.

> **2841** Portrait de J.-M. Junoy.
> **2842** Ananas au kirsch.
> **2843** Madame Banane.

SMOGULECKI (Stanislas), né en Pologne. — 3,
rue Vercingétorix, 15e.

2844 Projet de décoration pour une chapelle.
2845 Projet de décoration pour une chapelle.
2846 Projet de décoration pour une chapelle
(détail).

SOULL'ARD (Louis), né à Saint-Lô (Manche). —
Méricourt, par Bonnières (Seine-et-Oise).

2847 Émaux, grand feu : Paysage, Portraits,
Allégories, Vues de la Seine à Méricourt.

SOUPLET (Fernand), né à Paris. — 72, avenue de
Villiers, 17e.

2848 Plantes vivaces.
2849 Plantes vivaces.
2850 Œillets dans un vase (aquarelle).

SPACH (Charlotte), née à Nancy. — 33, rue Carnot,
à Versailles (Seine-et-Oise).

2851 Ruines du XIIIe siècle, Cayeux-sur-Mer
(aquarelle).
2852 Tasse à thé, nature morte (aquarelle).
2853 Roses de Nice (aquarelle).

SPEHNER (Mme Salomé), née en Alsace. — 11,
rue Daniel-Stern, 15e.

2854 L'oiseau mort (pastel).
2855 Bérénice (pastel).
*2856 Portrait de Bébé (appartient à Mme B.
de G...)

SPIRO (Gisela), née à Cracovie (Pologne). — 15,
rue Boissonade, 14e.

2857 Tête de femme.
2858 Fleurs.
2859 Repos.

STEBELSKY-VOROBIEFF (Mlle), née en Russie.
— 7, rue Méchain, 15e.

2860 Kintachis (dessin au pastel).
2861 Dessin.
2862 Dessin.

STREIB (Georges-Joseph), né à Paris. — 1 bis, rue
Friant, 14e.

2863 Un bras de la Risle, à Pont-Audemer
(Eure).
2864 Ferme normande.
2865 Coin de parc.

STEEG (Jules), né à Tunis. — 39, boulevard de Port-Royal, 5ᵉ.

    2866 Flainville.
    2867 La maison de Majora.
    2868 Intérieur.

STELLA (Alice), née à Paris. — 34, rue de Lubeck, 16ᵉ.

    2869 Fleurs.
    2870 Chrysanthèmes.
    2871 Bouquet d'œillets.

STEN (John), né à Hudikswall (Suède). — 14, cité Falguière, 15ᵉ.

    2872 La jeune fille aux oranges.
    2873 Harmonie en bleu.
    2874 Harmonie en rouge.

STERENBERG (David), né à Gitomir (Russie). — 2, passage de Dantzig, 15ᵉ.

    2875 Jeune fille.
    2876 Nature morte.
    2877 Nature morte.

STETTLER (Marthe), née à Berne (Suisse). — 34, rue d'Assas, 6e.

2878 Etude de chat.
2878 *bis* Etude de chat.
2878 *ter* Etude de chat.

STUMMER (Gisela), née à Cesky-Brod (Bohême). — 9, rue Campagne-Première, 15e.

2879 Paysage.
2880 Nature morte.
2881 Cadre avec gravures.

STURZWAGE (Léopold), né à Moscou (Russie). — 6, rue Vercingétorix, 15e.

2882 Baigneurs et baigneuses.

SUE (Gabriel), né à Marseille. — 4, rue de Laborde, 8e.

2883 Etude de bœuf.
2884 Fenaison.
2885 Hallali.

SUNDERLAND (Célina), née à Varsovie. — 8, rue
de la Grande-Chaumière, 6°.

2886 Nature morte (pommes).
2887 Fenêtres.
2888 Une persane.

SUSSMAN (James), né à Londres (naturalisé Français). — Herblay (Seine-et-Oise).

2889 Chemin creux, à Conflans.
2890 Vieilles tanneries, à Mantes.
2891 Le Cervin, village de Findelen (Valais).

SYNAVE (Mme Val), née en Belgique. — 96, avenue des Ternes, 17°.

2892 Etude japonaise.
2893 Etude (chinoiserie).
2894 Vase bleu (fleurs).

SYRETT (Kate), né en Angleterre). — 20, rue
d'Assas, 6°.

2895 Panneau décoratif.
2896 Mélisande.
2897 Panneau décoratif.

SYROVY (Joza), né en Bohême. — 37, rue Lamarck, 18e.

2898 Les roses trémières.
2899 Pont-Marie (Paris).
2900 Sous le pont Louis-Philippe (Paris).

SZOBOTKA (Imre), né en Hongrie. — 3 bis, place de la Sorbonne, 5e.

2901 Nus sous les arbres.

TAVERNIER (Hippolyte), né à Lyon. — 8 bis, rue Jean-Nicot, 7.

2902 Etude de nu.

TCHITCHKANOFF (Paul), né à Voronech (Russie). — 2, passage de Dantzig, 15e.

***2903** Esquisse pour le portrait de M. B... (propriété privée).
2904 Paysage suisse.
2905 Composition pour « Clair de lune ».

TEDESCHI (Mlle Marguerite), née à Paris. — Rue Johnson, Maisons-Laffitte (Seine-et-Oise).

2906 Flirt.
2907 Le port d'Alger.
2908 Marché à Bou Saâda.

TEISSIER (André), né à Lyon. — 7, rue Boissac, à Lyon (Rhône).

2909 Sciérie à la montagne.
2910 Sous-bois en automne.
2911 Les colonnes de Castor et Pollux, Forum romain (aquarelle).

TEPER (Joseph), né en Russie. — 2, passage de Dantzig, 15e.

2912 L'automne (étude).
2913 L'automne (étude).
2914 Un glacier dans la Haute-Savoie.

TERRIER (René), né à Vincennes. — 96, rue de Montreuil, à Vincennes (Seine).

2915 Effet de nuages (Beauce).
2916 Dans les dunes (été 1912).
2917 Arbres en fleurs.

TESSON (Louis), né à Paris. — 4, rue Daguerre,
14°.

2918 Brodeuse Bigoudène.
2919 Femme lisant.
2920 Au Luxembourg.

TESTARD (Maurice), né à Paris. — 27, rue Delambre, 14°.

2921 L'aïeul.
2922 Coin de jardin.
2923 La jatte bleue.

TÉTARD (Mme Blanche), née à Dijon (Côte-d'Or).
— 3, villa Brune, 14°.

2924 Tête de jeune femme (pastel).
2925 Fleurs (pastel).

THÉLÈNE (Antoine-Sylvain), né à Sisteron (Basses-Alpes). — 22, rue Saint-Ferdinand, 17°.

2926 Visions de polonaise.
2927 Les pommes (panneau décoratif).
2928 Les confettis.

THIOLLIER (Mlle Claude-Emma), née à Saint-
Étienne (Loire). — 28, rue de la Bourse, Saint-
Étienne.

2929 Paysanne du Forez.
2930 Crépuscule de novembre (en Forez).
2931 Soir de vent (en Forez).

THOMAS (Émile), né à Paris. — 27, rue Julien-
Gallé, à Colombes (Seine).

2932 Œillets.
2933 Étang, dans l'Eure.
*2934 Portrait à la plume de Mlle X...

THOMAS (Pierre), né à Limoges (Haute-Vienne).
— 1, chemin de la Borie, Limoges.

2935 La côte solitaire (Ile d'Oléron).
2936 Chemin de la ferme (Limousin).
2937 Moulin à vent (Ile d'Oléron).

THOMÉ (Verner), né à Helsingfors. — 17, rue
Saint-Senoch, 15e.

2939 Les baigneurs (panneau décoratif).

THOMPSON (Gabriel), né à Bridgwater. — 16, impasse du Maine, 15e.

    2940 Marine.
    2941 Villeneuve (Avignon)
    2942 Paysage.

THORNDIKE (Charles), né à Paris. — 26, rue Friant, 14e.

    2943 Verger d'amandiers.
    2944 Oliviers (Corse).
    2945 Paysage.

TIRARD (Andrée), née à Croissy. — 112, boulevard Malesherbes, 8e.

    2946 Un cadre contenant quatre aquarelles (Bretagne).
    2947 Un cadre contenant quatre aquarelles (Fontainebleau).

TIRMAN (Mlle Jeanne-Henriette), née à Charleville (Ardennes). — 22, rue de l'Yvette, 16e.

    2948 Herbes rousses.
    2949 Prairie.
    2950 Toilette.

TIXIER (Daniel), né à Châteauroux. — 7, rue Lakanal, au Grand-Montrouge (Seine).

2951 Sur la terrasse.
2952 Soleil du soir.
2953 Matinée au jardin.

TOBEEN (Félix), né à Ciboure (Basses-Pyrénées). — 17, avenue Trudaine, 9e.

2954 L'enfant aux fleurs.
2955 Homme.
2956 Femme.

TORENT (Evelio), né à Badalona (Espagne). — 1, rue Gaillard, 9e.

2957 Femme à l'hermine.
2958 La Madrilena.
2959 La Ysidra.

TORNIER (H.), né à Paris. — 95, faubourg Saint-Martin, 10e.

2960 Paysage (aquarelle).
2961 Paysage. (aquarelle).
2962 Paysage (aquarelle).

TORNIER (Pierre), né à Paris. — 57, rue de Dunkerque, 10°.

> **2963** Fleurs.
> **2964** Fleurs.
> **2965** Fleurs.

TRAZ (Georges de), né à Paris. — 23, avenue de Breteuil, 7e.

> **2966** Décoration pour un trumeau.
> **2967** Orientales.
> *__2968__ Le peintre.

TREPAK (Ivan), né à Kostroma. — 54, avenue du Maine, 14e.

> **2969** Coin russe.
> **2970** Luxembourg.
> **2971** Rome.

TRÈVE (Mme Jacques), né à Lanquais (Dordogne). — 2, rue Théophile-Gautier, à Neuilly (Seine).

> **2972** L'anse dans les falaises.
> **2973** La route poussiéreuse.
> **2974** La Seine, à Neuilly.

TRIBALLAT (Marthe), née à Flavigny (Cher). —
Route de Neuvy, à Vierzon (Cher).

2975 Chrysanthèmes.
2976 Poule et poussins.

TRIQUIGNEAUX (Louis), né à Paris. — 2, rue
Brown-Séquard, 15°.

2977 Dessin.
2978 Dessin.
2979 Dessin.

TROCHAIN (Fernand-Jean), né à Rueil (Seine-et-
Oise). — 71, rue de Normandie, à Courbevoie
(Seine).

2980 Mas en ruines (Provence).
2981 Pardon de Sainte-Anne, le matin (Bretagne).
2982 Péniche sur la Seine.

TROCHAIN (Maurice), né à Eu (Seine-Inférieure).
— 87, rue Belliard, 18°.

2983 Bords de l'Oise, Auvers.
2984 Bords de la Seine, Ile Saint-Denis.
2985 Roses et renoncules.

TRAFER (Marius), né à Cambrai (Nord). — Ciboure (Bordagain), Basses-Pyrénées.

> 2986 La Nivelle, marée montante, Saint-Jean-de-Luz.
> 2987 Plage de Bidart (Basses-Pyrénées).
> 2988 Fontarabie.

TROYEN (Michel), né à Moscou (Russie). — 57, rue du Kremlin, à Bicêtre.

> 2989 Portrait de Mme T...
> 2990 Joueuse de guitare.
> 2991 Vue de Notre-Dame-de-Paris.

TRUCCO (Italo), né à Gênes. — 26, rue Berthe, 18e.

> 2992 Sérénade mexicaine.
> 2993 Vie mexicaine.
> 2994 Santa-Julia, au Mexique.

TUCKER (Allen), né à New-York. — Chez Mme Esté, 38, avenue de l'Observatoire, 5e.

> 2995 Paysage.
> 2996 Etude en noir et blanc.
> 2997 Une ferme abandonnée.

TURGE (Cécile), née à Lyon. — 11, rue Férou, 6e.

***2998** Portrait de Mme E. C. C...
2999 Intérieur de cuisine.
3000 Au village.

TURIN (André), né à Paris. — Avenue du 14-Juillet, à Aulnay-sous-Bois (Seine-et-Oise).

3001 La Targa.
3002 Le pin.
3003 Etudes.

URBAIN (Alexandre), né à Sainte-Marie-aux-Mines. — 21, quai Bourbon, 4e.

3004 Déjeuner sous les pins (Saint-Aygulf, 1912).
3005 Paysage de Provence.
3006 Paysage.

UTTER (André), né à Paris. — 12, rue Cortot, 18e.

3007 Trois nus (peinture).
3008 Le vase de vieux Chine (nature morte).
***3009** Portrait du peintre E. Heuzé.

UTRILLO (Maurice), né à Paris. — 12, rue Cortot, 18e.

3010 Paysage.
3011 Paysage.
3012 Paysage.

VALADON (Suzanne), née à Limoges. — 12, rue Cortot, 18e.

3013 La toilette.
3014 Deux figures.

VALENSI (Henry), né à Alger. — 8, rue de Maistre, 18e.

3015 Expression d'Alger ou pensée d'Alger.

VALLÉE (Armand), né à Paris. — 55, boulevard Saint-Michel, 5e.

3016 Types de femmes corses.
3017 Hommes et attelages corses.

VALLÉE (Ludovic), né à Paris. — 77, boulevard
Saint-Marcel, 13e.

3018 Figures dans un parc.
3019 Fleurs.
3020 Étude.

VALMIER (Georges), né à Angoulême. — 38, rue
Ramey, 18e.

3021 Nature morte (étude).
3022 Portrait (étude).
3023 Paysage, canal Saint-Martin (étude).

VALTAT (François-Victor), né à Paris. — 17, rue
Montebello, à Versailles (Seine-et-Oise).

3024 Effet d'hiver.
3025 Effet d'hiver.
3026 La tonnelle, effet d'été.

VALTAT (Louis), né à Dieppe (Seine-Inférieure).
— 6, passage Constantin-Pecqueur, 18e.

3027 Jeu.

VAN COPPENOLLE (Jacques), né à Montigny-sur-Loing (Seine-et-Marne). — Montigny-sur-Loing.

3028 Maisons à travers les arbres.
3029 Le canal.
3030 Paysage au soleil.

VANDER BILT (Joh), né à Amsterdam (Hollande). — 86, rue Philippe-de-Girard, 18e.

3031 Hospice, à Bruges (gouache).
3032 Place Simon-Steven, Bruges (gouache).
3033 Marché, Bruges (gouache).

VAN HASSELT, né à Rotterdam. — 7, rue Paul-Féval, 18e.

***3034** La dame à la rose.
***3035** Portrait du petit Knaap.
3036 Le braconnier.

VAN MALDERE (Raoul), né à Marseille. — 10, rue Rochechouart, 9e.

3037 Coin d'Allauch (Provence).
3038 Calanque d'En-Vaù (Provence).
3039 Coin de port, Cassis (Provence).

VAN PARYS (Stéphanie), née à Paris. — 21, rue Valette, 5e.

3040 Nature morte, vase Delft.
3041 Nature morte, poteries rustiques.
3042 Nature morte, un coin de table.

VAN RYCK (Salomé), née à Lille. — 17, rue de Rome, 8e.

3043 Coucher de soleil.
3044 Sous bois, en juin.
3045 Allée d'automne.

VARENNE (Gaston), né à La Roche-sur-Yon (Vendée). — 31, rue de Turin, 8e.

3046 Pins (Bretagne).
3047 Soir sur la lagune (Venise).
3048 Étude de vagues (La Napoule).

VASNIER (Charles), né à Caen. — 26, rue Poncelet, 17e.

3049 Pastel.
3050 Pastel.
3051 Pastel.

VASSILIEFF (Marie), née à Saint-Pétersbourg. — 21, avenue du Maine, 15°.

3052 Etude.
3053 Nature morte.
3054 Tête.

VASQUEZ DIAZ (Daniel), né à Nerva (Espagne). — 15, rue Hégésippe-Moreau, 18°.

3055 Côte basque (Espagne).
3056 Les belles sœurs (portrait).
3057 Rosario.

VEILLET (Alfred), né à Ezy (Eure). — Freneuse, par Bonnières-sur-Seine (Seine-et-Oise).

3058 Paysage.

VELLAY (Maurice), né à Paris. — 203, rue Saint-Honoré, 1er.

3059 Les filles d'Eve.
3060 Assiette en faïence décorée.
3061 Assiette en faïence décorée.

VERBRUGGHE (Karel), né à Bruges (Belgique).
— 86, rue Philippe-de-Girard, 10e.

3062 Rue de Bruges.
3063 Environ de Paris.
3064 Nogent (bord de la Marne).

VERMEILLET (Auguste), né à Besançon. — 42,
rue Faidherbe, 11e.

3065 Source de la Loue (Franche-Comté).
3066 Les bords de l'Aar (Suisse).
3067 Scierie comtoise (Doubs).

VERDILHAN (André), né à Marseille. — 10, rue de
Seine, 6e.

3068 Danseuse cambodgienne.
3069 Loû pichoûn.
3070 L'Eda.

VIC (Jean de), né à Paris. — Malabry, par Châtenay
(Seine).

3071 Le verger en fleurs.
3072 La vallée de Robinson.
3073 Le plateau de Malabry.

VILLARD (Antoine), né à Mâcon (Saône-et-Loire).
— 14, avenue du Maine, 15ᵉ.

3074 Dans le jardin.
3075 La neige.
3076 Coin de Montmartre.

VILLAUME (Charles), né à Paris. — 161, rue du
Temple, 3ᵉ.

3077 Le mauvais génie des mers (en souvenir
de la perte du « Titanic »).
3078 Un vieux joueur de panse du Morvan.
*3079 Portrait de l'artiste par lui-même.

VILLERS (Gaston de), né en France. — 25, rue
Duphot, 1ᵉʳ.

3080 Nature morte.

VLAMINCK (Maurice), né à Paris. — Hameau de
la Jonchère, à Rueil (Seine-et-Oise).

3081 Paysage.
3082 Étude.
3083 Paysage.

VOGELWEITH (Adolphe), né à Guebwiller (Alsace). — 11, boulevard Clichy, 9e, et 16, rue des Forts, à Epinal (Vosges).

***3084** Portrait.
3085 Nature morte.
3086 Nature morte.

VOGUET (Léon), né à Paris. — 5, rue Eugène-Delacroix, 16e.

3087 Nu (étude), dessin.
3088 Nu (étude).

VOLOT (Jacques), né à Blois. — Douarnenez (Finistère).

3089 Paysage (appartient à M. L. P..)
3090 Nature morte.
3091 Femme plumant une oie.

VAN HOUTEN (Georges), né à Anvers (Belgique). — 2, passage de Dantzig 15e.

***3092** Garçon fumiste (appartient à M. G...)
***3093** Paysage (appartient à M. G...)
3094 Paysage de banlieue.

VOSS (Mlle Gyda), née à Christiania (Norvège). —
107, boulevard Saint-Michel, 5e.

    3095 Deux garçons.
    3096 Vieille femme.
    3097 Césarine.

VUITTON (Gaston-L.), né à Asnières (Seine). —
15, rue de la Comète, à Asnières (Seine).

    3098 Pont-Aven : fruits d'automne.
    3099 Hendaye : Les cyprès de Belcenia.
    3100 Hendaye : Pena de Aya.

VYESGEW (Alexandre), né à Kharkow (Russie).
— 7, rue Méchain, 14e, chez M. Goulaieff, ou à
Saint-Pétersbourg Mali Prospect n. 81.

    3101 Le char de la vie.

WAGUET (Lewis), né à Ghemps. — 1, rue Cervan-
tès, 15e.

    3102 Marché en Artois.
    3103 Le pont d'Iéna (Paris).
    3104 Le port Montebello (Paris).

WALLIN (David), né à Ostergolland (Suède). —
24, rue de l'Abbé-Grégoire, 6ᵉ.

3105 Mon enfant.
3106 Le bord.
3107 Etude.

WALLIN (Gully), né en Suède. — 9, rue Campagne-
Première, 14ᵉ.

3108 Paysage (Stockolm).
3109 Paysage (Stockholm).
3110 Esquisse.

WALLIS (Robert), né à Londres. — 69, boulevard
Pereire, 17ᵉ.

3111 Ecce Homo.
3112 Les laveuses.
*3113 Portrait de l'auteur.

WAROQUIER (Henry de), né à Paris. — 7, rue
Daguerre, 14ᵉ.

3114 La côte de Port-Blanc (golfe du Morbihan 1910).
3115 Grève de Guersids et l'île Logodec (île
de Bréhat 1911).
3116 Maison près de Kergonan (île aux Moi-
nes 1910).

WASKE (Erich), né à Berlin. — 14, rue Saint-
Simon, 7°.

    3117 Maisons.
    3118 Brasserie.
    3119 Portrait de moi-même.

WEERT (Mme Anna de), née à Gand (Belgique).
— 1, rue des Hospices, à Gand.

    3120 La berge dorée.

WEISMANN (Jacques), né à Paris. — 28, rue Des-
renaudes, 17°.

    3121 Rêve d'Orient.
    3122 Rieuse.
    3123 Fumeuse.

WEISS (Charlotte), née à Bâle (Suisse). — 7, rue
Belloni, 15°.

    3124 Juliette.
    3125 Nature morte.
    3126 Petite Valaisanne.

WELLS (Mlle Théodosia-Mary), née à Londres. —
M. West, 117, Finchley Road, Londres.

3127 Roses trémières.
3128 Pieds d'alouettes.
3129 Pavots orientaux.

WENTSCHER (Julius), né à Kœnigsberg. — 83,
boulevard du Montparnasse, 6°.

3130 L'Ile.
3131 Côtes de Milo.
3132 Le Mont rouge.

WERNER (Antony), né à Genève. — 6, boulevard
Bourdon, à Neuilly (Seine).

3133 Fleurs et livres.
3134 Dahlias.
3135 Fleurs et fruits.

WILHEMS (James), né au Mans. — 2, rue de Marseille, 10°.

3136 Entrée du grand canal à Venise.
3137 Le quai à St-Mandrier (rade de Toulon).
3138 Le canal St-Sébastien à Martigues.

WILLAUME (Georges), né à Paris. — Daigny, par
Bazeilles (Ardennes).

3139 Le château de Bouillon.
3140 Brouillard d'automne.
3141 Soleil blanc (étude).

WILLERSDORFER (Rolf), né à Vienne (Autriche).
— 2, passage de Dantzig, 15ᵉ.

3142 Sculpture.
3143 Sculpture.
3144 Sculpture.

WINGERT (Marcel), né à Paris. — 3, cité Milton, 9ᵉ.

3145 Florence (le ponte Vecchio le soir).
3146 Vieux Montmartre (le moulin).
3147 Vieux Montmartre (le moulin).

WIRTH (Henri-Prosper), né à Paris. — 42 et 44,
rue de Labarre, à Deuil (Seine-et-Oise).

3148 Rêverie de printemps (pastel).
3149 Arbres en fleurs (pastel).
3150 « Je n'ai rien ! »

XIRO (Mme José), née à Barcelone. — 13 bis, rue
Henri-Monnier, 9ᵉ.

    3151 Le gage.
    3152 Marine (Espagne).
    3153 Paysage (parc Monceau).

YAKIMOV (Igor), né en Russie. — Chez Chevrery
et Guichardaz, 19, rue Campagne-Première, 14ᵉ.

    3154 Nature morte.
    3155 Tulipes jaunes.
    3156 Femme et amour (statuette en étain).

YEATS (Jack-Butler), né en Irlande. — Red Ford
House Greystones, County Wicklow, Irlande.

    3157 Ballycastle Bay.
    3158 The Jockey.
    3159 Tide Coming in.

YSERN y ALIÉ (P.), né à Barcelone. — 130 ter,
boulevard de Clichy, 18ᵉ.

    3160 Danseuse.
    3161 Danseuses de quadrille (émail-fresque).
    3162 Le quadrille à Tabarin (émail-fresque).

YSERN (Henri), né à Barcelone. — 130 ter, boulevard de Clichy, 18e.

3163 La Méditerranée catalane, tryptique (émail-fresque).
3164 Fleurs (panneau décoratif), émail-fresque.
3165 Femmes nues sous l'eau (émail-fresque).

ZAMAN (Alexandre), né en Roumanie. — 44, rue Charles-Floquet, 7e.

3166 Nature morte.
3167 Pivoines blanches.
3168 Beethoven.

ZEZZOS (Georges), né à Venise (Italie). — 42, rue Liancourt, 14e.

3169 Un atelier de fleurs.
3170 Elisa.
3171 Orage.

ZINET (André), né à Lausanne (Suisse). — 2, rue Lamarck, 18e.

3172 Paysage.
3173 Nature morte.
3174 Nature morte.

ZINOVIEW (Alexandre), né à Moscou. — 8, boulevard Edgard-Quinet, 14°.

    3175 En automne.
    3176 Les vignes (Espagne).
  ***3177** Portrait de M. André Fontainas (appar-
           tient à M. A. Fontainas).

ZUKERMANN (Benzien), né à Vilno. — 2, passage
de Dantzig, 15°.

    3178 Moulin à Saint-Maurice.
    3179 Environs de Paris.
    3180 Pavillon de campagne.

Supplément

AUBRY (Alice). — 9, avenue du Trocadéro, 16ᵉ.

3181 Panneau décoratif.
3182 Nature morte.
3183 Pivoines.

BERCHUT (Mlle Suzanne), née au Havre. — 44, rue J.-B. Eyriès, Le Havre (Seine-Inférieure).

3184 Etude de nu.
3185 Etude en bleu.
3186 Etude en jaune.

BOURLY (Henri), né à Paris. — 13, avenue Frochot, 9ᵉ.

3187 Intimité.
3188 Paysage parisien.

BRIZARD (Mlle Suzanne), née à Paris. — 59, boulevard Malesherbes, 8ᵉ

3189 Vieille (dessin).
3190 Laveuses (pochade).
3191 Croquis.

BUTLER (J.), né à Giverny. — A Giverny, par Vernon (Eure).

3192 Coucher de soleil.
3193 Le bouleau.
3194 Pommiers.

BUTLER (Théodore-Earl), né aux Etats-Unis. —
Giverny, par Vernon (Eure).

3195 Brume d'été.
3196 Pommiers en fleurs.

CÉRIA (Edmond), né à Evian-les-Bains. — Evian-
les-Bains (Haute-Savoie).

3197 La cathédrale St-Jean.
3198 Les pins.
3199 Les chataignes.

CLÉRET (Félix), né à Blangy (Seine-Inférieure). —
55, rue Saint-Maur, Rouen (Seine-Inférieure).

3200 Bord de rivière (effet d'automne).
3201 Le Tréport (vue du bassin).
3202 Le Tréport (coucher de soleil dans les
roches).

CLÉRET (Maurice), né à Rouen (Seine-Inférieure)
55, rue Saint-Maur, Rouen.

3203 Grisette 1840 (pastel).
3204 Métier et temps de chien (fusain rehaussé).
3205 Auto (réclame).

CHALLIÉ (Jean-Laurent), né à Echenez (Haute-
Savoie). — 15, rue Hégésippe-Moreau, 18e.

3206 Intérieur.
3207 Fleurs.
3208 Composition décorative.

CHAPUY (André), né à Paris. — 7, rue Alain-
Chartier, 15e.

3209 Première classe.
3210 Lendemain de première.
3211 Les petits martyrs.

CONTRAULT (Emile-Théodore), né à Paris. — 1, rue Allard, Saint-Mandé.

3212 Entrée de la ferme de Villegoublin (Loir-et-Cher)
3213 Entrée du Pavillon (Loir-et-Cher).
3214 Fontaine-la-Guyon (Eure-et-Loir).

CROTTI (Jean). — 15, rue Louis-Philippe, Neuilly-sur-Seine.

3215 Le nègre au singe.
3216 Femme.
3217 Tête de femme.

DEGEN (Mme Mary), née à Sydney (Australie). — 15, quai Bourbon, 4e.

3218 Fantaisie orientale.

DEVINE (Jules-Charles), né à Hirson (Aisne). — 40, rue du Luxembourg, 6e.

3219 L'heure du grillon.
3219 *bis* Du soleil au bord de l'eau.
3220 Lisière de bois en automne (aquarelle).

DRESEL (Frédéric), né en Autriche. — 2, rue
Aumont-Thiéville, 17°. **(Sociétaire décédé).**

> **3220** *bis* Sainte-Anne de Fouesnant.
> **3221** Fumeurs.
> **3222** Noce de marins dansant la farandole.

FIORI (Ernesto de), né à Rome. — 73, rue Notre-
Dame-des-Champs, 6°.

> **3223** Homme aux bras levés (sculpture).
> **3223** *bis* Femme (sculpture).
> **3224** Homme (sculpture).

FONTANES (Raymond de), né à Angers. — 18,
rue du Dragon, 6°.

> **3225** Derniers rayons à Morg (Egypte).
> **3226** Crépuscule à Morg (Egypte).

FRENKEL-MANUSSON (Mme Rose), née à Moscou (Russie). — 54, boulevard Saint-Marcel, chez
Mlle Monoszon, 13°.

> **3227** Le repas à l'asile.
> **3228** Portrait.
> **3229** Tête de vieillard.

FROST (A.), né aux États-Unis. — 6, rue de Furstemberg, 6e.

3230 Un bon homme.
3231 Une Allemande.
3232 Surveillante de cabinet d'aisance.

GOUGEROT (Paul), né à Sartrouville (S.-et-O.). — 11, rue des Orfèvres, 1er.

3233 Dahlias.
3234 Panier fruits.
3235 Bouquet de roses.

GUIET (Jean), né à Paris. — 12, rue de Bagneux, 6e.

3236 Rêverie.
3237 Soir (Bretagne).

GODEFROY (Gustave), né à Granville (Manche). — 16, rue des Saules, 18e.

3238 Corsaire malouin et galion espagnol (tiré de *Thomas l'Agnelet*, de Claude Farrère).
3239 Roches à Ouessant.
3240 Barque de pêche de Boulogne.

HELLÉ (Lucien), né à Lille (Nord- — 14, rue
Coysevox, 18e.

3241 Objets exécutés en écorces d'oranges et
citrons (bonbonnières, vases, service de
fumeur), poterie en terre de Montmartre.

HERBINIÈRES (D.), né à Paris. — Chez M.
Veyrier, 81, avenue de Ségur, 7e.

3242 Fleurs.
3243 Coin de jardin.
3244 Le hamac (esquisse).

HESSE (Mme Alice), née à Paris. — 5, rue Saint-
Louis, Villemonble (Seine).

3245 Vase bleu et roses rouges.
3246 Chrysanthèmes.
3247 Vase vert et coucous.

IROLLI (Vincent), né à Naples. — 58, chaussée
d'Antin, 9e.

3248 Mère.
3249 Droits du curé.
3250 Caresses.

JOBERT (Fernand), né à Paris. — 11, rue de
Douai, 9°.

3251 Marée montante.
3252 Melika Moab.
3253 Le lac amer Couggourth.

JOLY (Henri). — 4, rue Chalgrin, 16°.

3254 Bords du Trieux.
3255 Une rue à Lézardrieux.

KRAMSTYK (Romain), né à Varsovie. — 18, rue
Boissonade, 14°.

3256 Paysage de Bretagne.
3257 Paysage de Zakspane.
3258 Tête d'homme.

KRIEG (Elly), né à Sagan (Allemagne). — 117,
boulevard du Montparnasse, 6°.

3259 Cimetière musulman.
3260 Paysage d'Alger.
3261 Rue d'Alger.

KROUGLICOFF (Elisabeth), née à Saint-Pétersbourg. — 17, rue Boissonade, 14ᵉ.

3262 Petite Russie (monotypie).
3263 Soir d'automne (monotypie).
3264 Fleurs (monotypie).

KUFFERATH (Camille), né à Bruxelles. — 163,
avenue Victor-Hugo, 16ᵉ.

3265 Sous les oliviers (Alpes-Maritimes), pay-
       sage.
3266 Route de Cimiez (Nice), paysage.
3267 Crucifiement (composition).

LA ROCHEFOUCAULT (Antoine de), né à Paris.
— 17, boulevard Lannes, 16ᵉ.

3268 Souvenir de Rochefort-en-Yvelines.
3269 Etude d'arbres (bois de Boulogne).

LEREUX (Mme Marguerite), née à Lille. — 19,
rue Vintimille, 9ᵉ.

3270 Le tricot.
3271 Table d'atelier.
3272 Les soleils.

LE SERREC DE KERVILY (Georges), né à Paris.
— 140 *bis*, rue de Rennes, 6°.

3273 Jeune florentine.
3274 Femme sous la vigne.
3275 Jeune fille brune.

MÉRATTI (Ditah), née en Italie). — 13, avenue
Frochot, 9°.

3276 Les dentellières (Guilvinec).
3277 Le port de Guilvinec.
3278 Le lavoir breton (Guilvinec.)

MÉRYEM (Jane), née à Bordeaux. — 33, rue
Bayen, 17°.

3279 Etude de nu.
3280 Nature morte.
3281 Le dernier coup d'œil.

WEIGELT-MIDDELDORPF (Hilde), née à Ron-
fach (Alsace). — 36, rue de Fleurus, 6°.

3282 Tomates et concombres.
*3283 Portrait de l'artiste peintre Alhazian.
3284 Eve.

MIGUEL VILADVICH (Vilo), né à Torrelameo
Lévido (Espagne). — 26, rue du Départ, 14e, chez
M. Rivera.

3285 Mes funérailles.
3286 Ano Rocio (Nino Sevillano).
3287 Cuco Ton (el Catalan).

MIRKA (José), né à Paris. — Poussignol-Blismes
(Nièvre).

3288 Lac Mæris (Égypte), hutte de pêcheurs.
3289 Lac Mæris (Égypte), case de fellah.
3290 Une vitrine de vingt marrons sculptés et
de fleurs en mie de pain.

NOEL (Jean), né à Paris. — 29, rue Vaneau, 7e.

3291 Scènes d'apaches.
3292 Scènes d'apaches.

OHNENSTETTER (Mme). — 19, rue Bonaparte, 6e.

3293 Nature morte.
3294 Nature morte.

PANADILLA (Marcel), né à Marseille. — 2, square
Caulaincourt, 18ᵉ.

3295 Portrait.
3296 Portrait.
3297 Portrait de l'auteur.

PSTROKONSKA (Maria de), née en Pologne. —
3, rue Joseph-Bara, 6ᵉ.

*__3298__ Tête de Christ.
*__3299__ Anachorète.
*__3300__ Jeune femme kabyle.

RÉGNAULT-SARASIN, né à Bâle (Suisse). —
64, rue de la Victoire, 9ᵉ.

3301 Premiers rayons (Engadine).
3302 Été au Rigi.
3303 Rennemoulin.

RICHARDSON (Anna-M.), née en Islande. — 85,
rue Notre-Dame-des-Champs, 6ᵉ.

3304 Brouillard du soir.
3305 Plage sans mer.
3306 Poussière des dunes.

ROCHE (Juliette). — 112, boulevard Malesherbes, 8°.

3307 Nature morte.
3308 Portrait de M. J. I. P.
3309 L'étalage.

ROSENBERG (J.), né à Paris. — 14, rue de Chabrol, 9°.

3310 Intérieur (musée des arts décoratifs).
3311 Chambre de Marie-Antoinette au Temple (Carnavalet).

SAINT-CENERI (Joseph), né à Paris. — 66, boulevard National, Clichy (Seine).

3312 Pont romain (paysage).
3313 Fleurs et fruits.
3314 Fleurs et fruits.

SERMAISE-PÉRILLARD (Mme Louise), née à Paris. — 134, rue Broca, 5°.

3315 Jeunesse (quatre panneaux application et laines pour un paravent).
3316 Citronnade (nature morte, applications).
3317 Coin de parc (broderie).

SIMPSON (A.-L.), né en Angleterre. — Trépied, Etaples (Pas-de-Calais).

3318 A Tangiers.
3319 A Tangiers.
3320 A Tangiers.

SMÉLOFF (Paul), né à Kazan (Russie). — Saint-Pétersbourg, Musée de l'Empereur Alexandre III (section ethnographique).

3321 Au bord du lac.
3322 Automne.
3323 Volkhow.

STOLTZ (Lucien-Alix), né à Paris. — 16, rue de Chabrol, 9°.

***3324** Portrait.
3325 Le printemps.
3326 Le bouquet.

SUZOV (Wladimir, comte de), né à Saint-Pétersbourg. — 12, avenue Philippe-Leboucher, Neuilly-sur-Seine.

3327 Campagne.
3328 Lisière du bois.
3329 Forêt.

SZERER (Mme Félicia), née en Pologne. — 32,
rue Cassette, 6ᵉ.

3330 Panneau décoratif.
3331 Tête de femme.

TERRUS. — Elne (Pyrénées-Orientales).

3332 Clocher de Ria.
3333 Vue d'Elne.

VERDILHAN (L.-Mathieu), né à Saint-Gille (Gard).
— rue Jacques-Collot, et 43, rue de Seine, 6ᵉ.

3334 Maison à l'amandier.
3335 Mas provençal.
3336 Campagne en Provence.

WALKER-WILHELMINA, née à Londres (Angleterre). — 1, avenue Silvestre-de-Sacy, 7ᵉ.

3337 Dans le jardin.
3338 Gorge de Morville.
3339 A l'ombre.

WRIGHT (Stanton-Macdonald), né au Etats-
Unis. — 12, rue Vavin, 6ᵉ.

3340 L'aube.
3341 Midi.

ZAK (Eugène), né à Varsovie (Pologne). — 17,
rue Campagne-Première, 14ᵉ.

3342 Baigneuse.
3343 Pastorale.

AUCLAIR (Honoré). — 20, avenue de la Défense, 3,
villa Duval.

3344 Paysage.
3345 Paysage.
3346 Paysage.

BATIGNE (François), né à Marseille. — 119, rue
Saint-Antoine, 4ᵉ.

3347 Content.
3347 *bis* Content.
3347 *ter* Content.

IWILL (Mlle Germaine), née à Sèvres (S.-et-O.). —
11, quai Voltaire, 7e.

3348 Etude.

ANDRÉ (Gaston), né en Anjou. — 9, rue Cauchois, 18e.

3349 Anémones.
3350 Brume, Belle-Isle-en-Mer.
3351 Chrysanthèmes.

DESCUDÉ (Cyprien), né à Bordeaux. — 67, boulevard Garibaldi, 15e.

3352 La fête.
3353 Le cheval.
3354 La place.

GIBOU, né à Paris. — 39, rue de Surène, 8e.

3355 Fleurs (étude).
3356 Pyramides d'Egypte.
3357 Etudes (aquarelle).

BODDINGTON (Henry), né à Manchester. — A
Étaples (Pas-de-Calais).

3358 Carpentras.
3359 La Madonna, Baumes-de-Venise.
3360 Orange.

HOLM (Mlle A.). — 123, boulevard du Montparnasse, 6e.

3361 Nature morte.
3362 Nature morte.
3363 Nature morte.

LOMBARD (Alfred), né à Marseille. — 40, rue
Lauriston, 16e.

3364 La dame en noir.
3365 Paysage, montagne.

MAURY (Louise-M.), née à New-Orleans. — Union
of London & Smith's Barbe, Chesham Buchs (Angleterre).

3366 La voile.
3367 Un orage en Sicile.
3368 Intérieur de San Marco, Venise.

Le Garde-Meuble Public

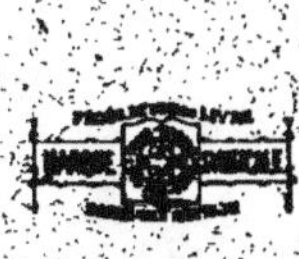

L'Emancipatrice, 3, rue de Pondichéry, Paris. — 6484-3-13.